学ぶ人は、変えてゆく人だ。

目の前にある問題はもちろん、

人生の問いや、

社会の課題を自ら見つけ、

挑み続けるために、人は学ぶ。

「学び」で、

少しずつ世界は変えてゆける。

いつでも、どこでも、誰でも、

学ぶことができる世の中へ

旺文社

もくじ

英語

数学

理科

社会

国語

※国語は 95 ページから始まります。

1 日目

be 動詞／There is ～.／代名詞

学習日　　月　　日

基礎問題

解答➲別冊解答2ページ

1 be 動詞

次の文の(　　)内から適切な語を選び，記号で答えなさい。

(1) They (ア am　イ are　ウ is) sad.

(2) Tom (ア was　イ were　ウ is) in Kyoto yesterday.

(3) Mike and I (ア was　イ am　ウ are) students.

(4) (ア Are　イ Was　ウ Were) you at home last Sunday?

2 There is ～.

日本文に合うように，____に適切な語を入れなさい。

(5) ベッドの上にイヌがいますか。

____ there a dog on the bed?

(6) 公園にたくさんの子どもたちがいます。

There ____ many children in the park.

(7) この部屋にいすが1つもありませんでした。

There ____ any chairs in this room.

3 代名詞

日本文に合うように，____に適切な語を入れなさい。

(8) 私は赤い自転車を持っています。あなたは黒いのを持っていますか。

I have a red bike. Do you have a black ____?

(9) これは彼らの家です。

This is ____ house.

(10) これはだれのペンですか。── それは私のものです。

Whose pen is this? ── It's ____.

(11) 今日は晴れています。

____ is sunny today.

(1) [　　]
(2) [　　]
(3) [　　]
(4) [　　]
(5) [　　]
(6) [　　]
(7) [　　]
(8) [　　]
(9) [　　]
(10) [　　]
(11) [　　]

基礎力確認テスト　／50点

解答➡別冊解答2ページ

1 次の文の(　　)に入る最も適切なものを，下の**ア～エ**からそれぞれ１つずつ選び，記号で答えなさい。[3点×3]

(1) A：These bananas and oranges look very good.

B：Yes. Which do you want to eat for breakfast tomorrow?

A：Let's buy both of (　　). I love all fruits.　〈岩手〉

ア them　**イ** it　**ウ** you　**エ** us　〔　　〕

(2) A：I went to bed at 9:00 last night and got up at 7:00 this morning. I feel fine now.

B：So, you slept for ten (　　). You were so tired yesterday.　〈山形・改〉

ア hour　**イ** a hour　**ウ** an hour　**エ** hours　〔　　〕

(3) My dream (　　) to work at a zoo because I like animals.　〈栃木〉

ア am　**イ** is　**ウ** are　**エ** were　〔　　〕

2 次の対話が成り立つように，(　　)内の語(句)を並べかえなさい。ただし，文頭にくるものも小文字にしてあります。[6点×3]

(1) A：(in / weather / how / the / is) Tokyo today?

B：It's rainy and cold. How about in Toyama?

A：Today it's cloudy but warm here.　〈富山〉

＿＿＿＿＿＿＿＿＿＿＿＿＿＿＿＿＿＿＿＿ Tokyo today?

(2) A：I bought an (great / book / scientist / about / a / interesting).

B：Really? Can I read it after you?

I bought an ＿＿＿＿＿＿＿＿＿＿＿＿＿＿＿＿＿＿＿＿.

(3) A：What do you want to do?

B：I want to eat Chinese food.

A：(aren't / near / any / there / Chinese restaurants) here.

＿＿＿＿＿＿＿＿＿＿＿＿＿＿＿＿＿＿＿＿ here.

3 次の日本文を英文にしなさい。[(1)(2)8点×2，(3)7点　計23点]

(1) あなたたちは先週，忙しかったですか。

＿＿＿＿＿＿＿＿＿＿＿＿＿＿＿＿＿＿＿＿

(2) この市に博物館はいくつありますか。

＿＿＿＿＿＿＿＿＿＿＿＿＿＿＿＿＿＿＿＿

(3) あの家は彼女のですか。

＿＿＿＿＿＿＿＿＿＿＿＿＿＿＿＿＿＿＿＿

2
日目

一般動詞（現在・過去・未来）／命令文

学習日　　月　　日

基礎問題

解答➲別冊解答2ページ

1 一般動詞（現在・過去）

日本文に合うように，(　　)内の動詞を適切な形に直しなさい。

(1) 彼女はよくテニスをします。

She often (play) tennis.

(2) 彼らは公園で花の写真をとりました。

They (take) pictures of flowers in the park.

(3) イトウさんは昨日，私のためにかばんを運んでくれました。

Mr. Ito (carry) the bag for me yesterday.

(1) [　　　]

(2) [　　　]

(3) [　　　]

2 一般動詞（未来）

日本文に合うように，____に適切な語を入れなさい。

(4) 彼は明日，数学を勉強するでしょう。

He ____ study math tomorrow.

(5) ケンは来週，ギターを買う予定です。

Ken is ____ to buy a guitar next week.

(6) 私はオーストラリアに行くつもりはありません。

I ____ go to Australia.

(7) あなたは明日，本を読む予定ですか。

____ you going to read a book tomorrow?

(4) [　　　]

(5) [　　　]

(6) [　　　]

(7) [　　　]

3 命令文

日本文に合うように，____に適切な語を入れなさい。

(8) 友だちに親切にしなさい。

____ kind to your friends.

(9) 宿題をしなさい。

____ your homework.

(10) ここで走ってはいけません。

____ run here.

(8) [　　　]

(9) [　　　]

(10) [　　　]

基礎力確認テスト　／50点

解答➡別冊解答2ページ

1 次の文の(　　)に入る最も適切なものを，下の**ア**〜**エ**からそれぞれ1つずつ選び，記号で答えなさい。[3点×3]

(1) A：Here is your tea.
B：Thank you.
A：(　　) careful. It is still hot.　〈岩手〉
ア Aren't　**イ** Be　**ウ** Do　**エ** Don't　[　　]

(2) A：You look sleepy. How long (　　) you sleep last night?
B：I couldn't sleep for a long time because I had many things to do.　〈宮崎〉
ア do　**イ** did　**ウ** are　**エ** were　[　　]

(3) A：Do you have any plans for tomorrow?
B：Yes, I do. I (　　) see a movie with my friends.
ア am　**イ** going　**ウ** will　**エ** to　[　　]

2 次の文を(　　)内の指示にしたがって書きかえなさい。[(1)6点，(2)(3)7点×2　計20点]

(1) I practice the piano.（文末に tomorrow を加えて未来の文に）
____

(2) I see the woman in the park <u>every day</u>.（下線部を yesterday にかえて）
____

(3) He will visit Canada <u>next month</u>.（下線部をたずねる疑問文に）
____

3 次の対話が成り立つように，(　　)内の語を並べかえなさい。ただし，文頭にくるものも小文字にしてあります。[7点×3]

(1) A：May I help you?
B：Well, (any / bags / do / for / have / my / you) sister?
A：Yes, we do. This one is very popular among young girls.　〈富山〉
Well, ______________________________ sister?

(2) A：I want to visit your house, but I don't like dogs.
B：(my / of / be / dog / afraid / don't). It's very small.　〈山形〉
______________________________.

(3) A：(you / subject / do / which / like) the best?
B：I like music the best.　〈長崎〉
______________________________ the best?

3 日目

進行形／受け身／助動詞

学習日　　月　　日

基礎問題

解答➡別冊解答3ページ

1 進行形

次の文の(　　)内から適切な語を選び，記号で答えなさい。

(1) Bill and I (ア am　イ is　ウ are) reading books now.

(2) She (ア is　イ was　ウ were) eating lunch then.

(3) (ア Are　イ Was　ウ Were) you playing a video game when I called you yesterday?

(1) 〔　　　　〕
(2) 〔　　　　〕
(3) 〔　　　　〕

2 受け身

日本文に合うように，____に適切な語を入れなさい。

(4) この写真は彼によってとられました。
This picture was ____ by him.

(5) トムはたくさんの人に愛されています。
Tom is ____ by many people.

(6) 昨年これらの机は作られました。
These desks ____ made last year.

(4) 〔　　　　〕
(5) 〔　　　　〕
(6) 〔　　　　〕

3 助動詞

日本文に合うように，(　　)内から適切な語を選び，____に入れなさい。

(7) 私は上手に日本語を話すことができます。
I ____ speak Japanese well.　(can, must, may)

(8) 彼は数学を勉強すべきです。
He ____ study math.　(can, should, will)

(9) 私たちはこの部屋をそうじしなければなりませんか。
____ we clean this room?　(May, Can, Must)

(10) 私が昼食を作りましょうか。
____ I make lunch?　(May, Will, Shall)

(7) 〔　　　　〕
(8) 〔　　　　〕
(9) 〔　　　　〕
(10) 〔　　　　〕

基礎力確認テスト　／50点

解答➡別冊解答3ページ

1 次の文の(　　)に入る最も適切なものを，下の**ア**～**エ**からそれぞれ1つずつ選び，記号で答えなさい。[3点×3]

(1) That house with large windows (　　) built ten years ago.　〈神奈川〉

ア lives　**イ** is　**ウ** was　**エ** were　〔　　〕

(2) A：Hi, Ted and Ken. Where are you going?

B：We are going to go to the park to play soccer.

A：Oh, really? (　　) go with you?

B：Sure. Let's go.　〈岩手〉

ア May I　**イ** Can you　**ウ** Should they　**エ** Will it　〔　　〕

(3) A：You play the piano very well.

B：Thank you. Can you sing this song?

A：Yes. This song is often (　　) in music class in Japan.

B：Oh really? Please sing it. I will play the piano.　〈岩手〉

ア sang　**イ** sing　**ウ** singing　**エ** sung　〔　　〕

2 次の文を(　　)内の指示にしたがって書きかえなさい。[6点×3]

(1) He listens to music.（文末に now を加えて現在進行形の文に）

____

(2) They used <u>the room</u> last Sunday.（下線部を主語にした受け身の文に）

____

(3) We must do our homework.（文末に yesterday を加えて過去の文に）

____

3 次の文や対話が成り立つように，(　　)内の語(句)を並べかえなさい。ただし，文頭にくるものも小文字にしてあります。[(1)(3)(4)6点×3，(2)5点　計23点]

(1) (writing / was / a letter / my sister) in English.　〈栃木〉

________________________________ in English.

(2) We (to / don't / have / go) to school on Sunday.　〈栃木〉

We __________________________ to school on Sunday.

(3) A：What does it say on the door?

B：It says that (not / students / to / allowed / are) enter from here.　〈宮崎〉

It says that ________________________ enter from here.

(4) (playing / you / sport / are / what) now?

____________________________________ now?

4日目 比較／接続詞／間接疑問文

学習日　　月　　日

基礎問題

解答➲別冊解答3ページ

1 比較

日本文に合うように，____に適切な語を入れなさい。

(1) この自転車はあの自転車よりも新しいです。
This bike is ____ than that one.

(2) この歌手は日本でいちばん有名です。
This singer is the ____ famous in Japan.

(3) 私のネコはあなたのと同じくらい大きいです。
My cat is ____ big as yours.

(4) 私はすべての教科の中で数学がいちばん好きです。
I like math the ____ of all subjects.

(1)〔　　〕
(2)〔　　〕
(3)〔　　〕
(4)〔　　〕

2 接続詞

(　　)内から適切な語を選び，____に入れなさい。

(5) Which do you like better, baseball ____ soccer?
(or, and)

(6) I couldn't buy the guitar ____ I didn't have much money.　(because, so)

(7) I know ____ he is kind.　(while, that)

(8) Let's go to the park ____ you are free.
(if, but)

(5)〔　　〕
(6)〔　　〕
(7)〔　　〕
(8)〔　　〕

3 間接疑問文

日本文に合うように，(　　)内の語(句)を並べかえなさい。

(9) あなたはあの男性がだれかわかりますか。
Do you know (that man / who / is)?

(10) 私はその祭りがいつ始まるのかわかりません。
I don't know (start / the festival / will / when).

(11) あなたはどこでその本を買ったのか私に教えてください。
Please tell me (where / the book / bought / you).

(9)〔　　〕
(10)〔　　〕
(11)〔　　〕

基礎力確認テスト　／50点　解答➡別冊解答3ページ

1 次の文の(　　)に入る最も適切なものを，下の**ア**～**エ**からそれぞれ1つずつ選び，記号で答えなさい。[3点×3]

(1) A：What's the matter, Mrs. Smith?
B：Well, I found a lunch box in my classroom. Do you know (　　) lunch box this is?
A：It's Tom's.
B：Oh, thank you. 〈岩手〉
ア what　**イ** who　**ウ** which　**エ** whose　[　　]

(2) I think pandas are the (　　) of all animals in the world. 〈栃木〉
ア cute　**イ** as cute as　**ウ** cuter than　**エ** cutest　[　　]

(3) I cannot speak well in front of people, (　　) I think I can show my feelings through music. 〈栃木〉
ア but　**イ** or　**ウ** because　**エ** until　[　　]

2 次の文や対話が成り立つように，(　　)内の語を並べかえなさい。ただし，文頭にくるものも小文字にしてあります。[6点×3]

(1) A：What (when / was / were / dream / you / your) a child?
B：Well, I wanted to be a scientist. What about you? 〈山形〉
What ________________________ a child?

(2) (think / you / will / it / do) rain next weekend? 〈栃木〉
________________________ rain next weekend?

(3) 〔In a park〕
A：It is getting dark. Do you (is / what / it / time / know) now?
B：Yes. It will be six o'clock soon. 〈福島〉
Do you ________________________ now?

3 次の日本文を英文にしなさい。[(1)(3)8点×2，(2)7点　計23点]

(1) もし明日晴れなら，私は買い物に行く予定です。　(Iで始めて)

____

(2) あなたはイヌよりもネコのほうが好きですか。

____

(3) このクラスでだれがいちばん背が高いですか。

____

5 日目

不定詞／動名詞

学習日　　月　　日

基礎問題

解答 ➲ 別冊解答4ページ

1 不定詞

次の文の(　　)内から適切な語(句)を選び，記号で答えなさい。

(1) She hopes (ア　visits　　イ　to visit　ウ　visiting) Australia.

(2) I want something (ア　drink　　イ　drinking　ウ　to drink).

(3) He went to the shop (ア　to buy　　イ　buys　ウ　buying) a camera.

(1) [　　　　]
(2) [　　　　]
(3) [　　　　]

2 動名詞

(　　)内の動詞を適切な形(1語)に直して____に入れなさい。

(4) I finished ____ English.　(study)

(5) ____ vegetables is good for our health.　(eat)

(6) Ken likes ____ pictures.　(draw)

(7) Thank you for ____ lunch for me.　(make)

(4) [　　　　]
(5) [　　　　]
(6) [　　　　]
(7) [　　　　]

3 不定詞と動名詞

日本文に合うように，____に適切な語を入れなさい。

(8) 私の趣味は本を集めることです。
My hobby is ____ books.

(9) 母は私に自分の部屋をそうじするように言いました。
My mother ____ me to clean my room.

(10) 彼はこのコンピューターの使い方がわかりません。
He doesn't know ____ to use this computer.

(11) 彼女にとって日本語を話すことは簡単ではありません。
It is not easy for her ____ speak Japanese.

(12) ケンはお母さんが夕食を作るのを手伝いました。
Ken helped his mother ____ dinner.

(8) [　　　　]
(9) [　　　　]
(10) [　　　　]
(11) [　　　　]
(12) [　　　　]

基礎力確認テスト　／50点　解答➡別冊解答4ページ

1 次の文の(　　)に入る最も適切なものを，下の**ア**～**エ**からそれぞれ１つずつ選び，記号で答えなさい。[2点×4]

(1) We can get new ideas by (　　) with a lot of people.　〈神奈川〉

ア talking　**イ** talked　**ウ** have talked　**エ** to talk　〔　　〕

(2)〔On a sports day〕

A : Our class won first place in the relay.

B : Wow! I'm glad (　　) the news.　〈福島〉

ア to hear　**イ** to lose　**ウ** hearing　**エ** losing　〔　　〕

(3) My mother made me (　　) carrots when I was a child.

ア eaten　**イ** ate　**ウ** to eat　**エ** eat　〔　　〕

(4) A : Are you free today?

B : No, I'm not. I have a lot of things (　　).

ア do　**イ** doing　**ウ** did　**エ** to do　〔　　〕

2 次の文や対話が成り立つように，(　　)内の語を並べかえなさい。ただし，文頭にくるものも小文字にしてあります。[6点×3]

(1) It is hard (to / for / speak / me) in front of many people.　〈栃木〉

It is hard ________________________ in front of many people.

(2) A : I walk with my dogs every morning.

B : How many dogs do you have?

A : Three. (them / care / easy / of / isn't / taking), but I enjoy living with them.　〈富山〉

________________________, but I enjoy living with them.

(3) A : Do you (as / do / what / know / to) a volunteer this afternoon?

B : Yes. We need to clean the park.　〈神奈川・改〉

Do you ________________________ a volunteer this afternoon?

3 次の日本文を英文にしなさい。[8点×3]

(1) 彼女は英語の先生になりたいと思っています。

____

(2) 彼らは昨日，そのサッカーの試合を見て楽しみました。

____

(3) 私は父に私を図書館に連れて行ってくれるように頼みました。

____

6 日目

分詞／関係代名詞

学習日　　月　　日

基礎問題

解答➡別冊解答4ページ

1 分詞

次の文の(　　)内から適切な語を選び，記号で答えなさい。

(1) The man (ア　sing　イ　singing　ウ　sung) a song is my friend.

(2) Japan is a country (ア　visit　イ　visited　ウ　visiting) by many people.

(3) I like pizza (ア　cook　イ　cooking　ウ　cooked) by my mother.

(1)［　　　　］
(2)［　　　　］
(3)［　　　　］

2 主格の関係代名詞

下線部の語句に(　　)内の説明を加えるとき，____に適切な語を入れなさい。ただし，that は使わないこと。

(4) I have a friend.　(名古屋に住んでいる)
I have a friend ____ lives in Nagoya.

(5) The language is Japanese.　(この国で話されている)
The language ____ is spoken in this country is Japanese.

(6) There is a boy.　(音楽を聞いている)
There is a boy ____ is listening to music.

(4)［　　　　］
(5)［　　　　］
(6)［　　　　］

3 目的格の関係代名詞

日本文に合うように，____に適切な語を入れなさい。

(7) これは私が昨年建てた家です。
This is a house ____ I built last year.

(8) 彼女が描いた絵は美しいです。
The picture ____ she painted is beautiful.

(9) あなたがいっしょにサッカーをした女の子はサキです。
The girl ____ you played soccer with is Saki.

(10) 彼は私がいちばん尊敬している教師です。
He is the teacher ____ respect the most.

(7)［　　　　］
(8)［　　　　］
(9)［　　　　］
(10)［　　　　］

基礎力確認テスト　／50点

解答➔別冊解答４ページ

1 次の文の(　　)に入る最も適切なものを，下の**ア**～**エ**からそれぞれ１つずつ選び，記号で答えなさい。[2点×4]

(1) My grandfather sent me a shirt (　　) in India.　〈神奈川〉

ア make　**イ** was made　**ウ** making　**エ** made　[　　]

(2) There is a park for dogs near my house. There are many dogs (　　) all over the park on weekends. They look very happy.　〈兵庫〉

ア play　**イ** played　**ウ** playing　**エ** to play　[　　]

(3) Do you know anyone (　　) plays the guitar well?

ア who　**イ** which　**ウ** what　**エ** how　[　　]

(4) I'll show you a picture (　　) by him.

ア take　**イ** taking　**ウ** taken　**エ** to take　[　　]

2 次の対話が成り立つように，(　　)内の語(句)を並べかえなさい。ただし，文頭にくるものも小文字にしてあります。[6点×3]

(1) A：Look at this picture. The girl (is / under / sitting / the tree) my sister.

B：Oh, she really looks like you.　〈愛媛〉

The girl ______________________ my sister.

(2) A：Do you know *Tonari no Totoro*?

B：Yes! It is the most (ever / movie / watched / wonderful / have / I).

It is a good story.

A：I agree.　〈鳥取〉

It is the most ______________________.

(3) A：(newspaper / uncle / reads / written in / a / my) English every day.

B：Oh, really? Where does he buy one?　〈山形〉

______________________ English every day.

3 次の日本文を(　　)内の指示にしたがって英文にしなさい。[8点×3]

(1) 私は本が好きな生徒を知っています。（関係代名詞を使って）

____

(2) 私が昨日助けた男性は医者です。（関係代名詞を使って）

____

(3) 私たちは雪でおおわれたその山に登りました。（７語で）

____

7 日目

文型／現在完了／仮定法

学習日　　月　　日

基礎問題

解答➲別冊解答5ページ

1 文型

日本文に合うように，____に適切な語を入れなさい。

(1) 彼は悲しそうに見えます。

He ____ sad.

(2) 私は彼女に自分のイヌを見せました。

I ____ her my dog.

(3) その映画は私を幸せにしました。

The movie ____ me happy.

(4) 彼女はそのイヌをクロと名づけました。

She ____ the dog Kuro.

(1) [　　　　]

(2) [　　　　]

(3) [　　　　]

(4) [　　　　]

2 現在完了

日本文に合うように，____に適切な語を入れなさい。

(5) ケンは二度カナダに行ったことがあります。

Ken has ____ to Canada twice.

(6) 私はちょうど，部屋のそうじを終えたところです。

I have just ____ cleaning my room.

(7) あなたはどのくらいの間野球をしていますか。

How long have you been ____ baseball?

(5) [　　　　]

(6) [　　　　]

(7) [　　　　]

3 仮定法

日本文に合うように，(　　)内の語を適切な形に直して____に入れなさい。

(8) 上手にギターが弾ければいいのに。

I wish I ____ play the guitar well.　(can)

(9) もし私が彼の電話番号を知っていれば，彼に電話するのに。

If I knew his phone number, I ____ call him.　(will)

(10) もし私が日本に住んでいれば，彼に会えるのに。

If I ____ in Japan, I could see him.　(live)

(8) [　　　　]

(9) [　　　　]

(10) [　　　　]

基礎力確認テスト　　／50点　　解答➡別冊解答5ページ

1 次の文の(　　)に入る最も適切なものを，下の**ア**～**エ**からそれぞれ１つずつ選び，記号で答えなさい。［2点×3］

(1) The music teacher always (　　) us that the sound of music can move people.　〈栃木〉

ア says　**イ** tells　**ウ** speaks　**エ** talks　〔　　〕

(2)〔On the way to school〕

A：It's warm today, too.

B：The weather (　　) warm since Monday.　〈福島〉

ア will be　**イ** has been　**ウ** are　**エ** was　〔　　〕

(3) A：You look so happy. What's up?

B：I'm happy (　　) he joined the party.

ア to　**イ** when　**ウ** so　**エ** that　〔　　〕

2 次の文や対話が成り立つように，(　　)内の語を並べかえなさい。ただし，文頭にくるものも小文字にしてあります。［5点×3］

(1) My (has / eaten / cousin / never) Japanese food before.　〈栃木〉

My ______________________________ Japanese food before.

(2) My new school life has started. Today, the *student council showed us a video about the school. (excited / it / made / watching / very / me).

（注） student council　生徒会　〈兵庫〉

____.

(3) A：What subject does she teach?

B：(us / teaches / she / music).　〈岩手・改〉

____.

3 次の日本文を英文にしなさい。［(1)(2)(4)7点×3，(3)8点　計29点］

(1) 私は母に花をいくらかあげました。

____

(2) 彼はもう宿題をしましたか。

____

(3) もし私があなたなら，そのコンピューターを買うでしょう。（If で始めて）

____

(4) なんて美しい海なのでしょう。

____

第1回　英語の総復習テスト

時間……30分　解答➲別冊解答6ページ

得点　　／100点

1 次の文の(　　)に入る最も適切なものを，下の**ア**～**エ**からそれぞれ1つずつ選び，記号で答えなさい。[4点×5]

(1) A：Look at that tall man. Do you know (　　)?　〈栃木〉
B：Yes. He is our new ALT, Tom.
ア his　**イ** her　**ウ** him　**エ** them

(2) Molly came home and was very hungry, (　　) dinner was not ready.　〈鳥取〉
ア since　**イ** or　**ウ** but　**エ** if

(3) I learned (　　) play the guitar in class last year.　〈栃木〉
ア how　**イ** how to　**ウ** the way　**エ** what to

(4) Yoshio has two brothers and he is the (　　) of the three.　〈神奈川〉
ア younger than　**イ** youngest　**ウ** young　**エ** as young

(5) My father let me (　　) a video game.
ア play　**イ** playing　**ウ** to play　**エ** played

2 次の対話が成り立つように，(　　)内の語(句)を並べかえなさい。ただし，文頭にくるものも小文字にしてあります。[5点×3]

(1) A：Have you ever seen cherry blossoms in Iwate?　〈岩手〉
B：No, I haven't.
A：Iwate Park is one of the (by / enjoy / many people / places / loved / who) seeing them.
B：I want to go there this spring.

(2) A：Hi, Hiroko. What did you do last night?　〈鳥取〉
B：I watched a TV program about (people / abroad / working / Japanese).
A：Oh, really? Was it interesting?
B：Yes. I am now interested in teaching Japanese in Africa.

(3) A：(many / have / how / you / countries) visited?　〈宮崎〉
B：Three. They are Germany, Canada and Australia.

<table>
<tr><td>1</td><td>(1)</td><td></td><td>(2)</td><td></td><td>(3)</td><td></td><td>(4)</td><td></td><td>(5)</td><td></td></tr>
<tr><td rowspan="3">2</td><td>(1)</td><td colspan="9">Iwate Park is one of the　　　　seeing them.</td></tr>
<tr><td>(2)</td><td colspan="9">I watched a TV program about　　　　.</td></tr>
<tr><td>(3)</td><td colspan="9">　　　　visited?</td></tr>
</table>

3 次の各問いの対話文について，(　　)に入る最も適切な1語をあとの語群から選び，適切な形に直して書きなさい。ただし，語群の単語はそれぞれ一度しか使いません。また，1語のみ書きなさい。

〈沖縄・改〉［6点×4］

(1) A：Excuse me. I'm looking for a book. Its name is "History of Okinawan Food."
　B：Wait a minute .... Well, someone (　　) the book yesterday.
　A：OK. Thank you.

(2) A：Where did you go today?
　B：I went shopping and watched a movie.
　A：I see. But have you (　　) your homework?

(3) A：Who (　　) to play tennis this afternoon?
　B：Sam, Wendy and me!
　A：OK. Don't forget your racket. See you later.

(4) A：Hi, this is Miki speaking. Are you all OK? I heard a big typhoon is coming to Okinawa.
　B：Yes. It's raining hard now and the wind is getting stronger.
　A：Don't go outside. The reporter said it would be the (　　) typhoon in seven years.

語群：want　feel　borrow　bad　do　cold

4 次の(1)，(2)の対話文の□に入る最も適切なものを，下の**ア**～**エ**からそれぞれ1つずつ選び，記号で答えなさい。

〈兵庫〉［8点×2］

(1) A：Are you writing a letter?
　B：Yes. I stayed with a family in Canada last year. This is for them.
　A：I think an e-mail is easier and faster.
　B：□ But I hope they'll feel happier when they read something written by hand.

ア Send me an e-mail.　　**イ** I don't think so.
ウ I like letters.　　**エ** That's true.

(2) A：Excuse me. I want to go to the airport. How can I get there?
　B：You can take a train from that station.
　A：□
　B：You can go by bus, but it will take more time.

ア Is there any other way?　　**イ** Do you know how much it is?
ウ How long will it take?　　**エ** When is the next one?

3	(1)		(2)		(3)		(4)	
4	(1)		(2)					

5 次は，AとBの対話です。[1]～[4]に入る最も適切なものを，下の**ア**～**エ**からそれぞれ1つずつ選び，記号で答えなさい。 〈福島〉［8点×2］

(1)〔At home〕

A：Can I go to a movie tomorrow?

B：[1]

A：[2]

B：OK. [3]

A：I'm not sure. Maybe about six o'clock.

B：All right. [4]

ア When will you get home?

イ My friends, Erika and Harry.

ウ But you should call me if you are late.

エ Who will go with you?

(2)〔In a town〕

A：Many people are waiting. [1]

B：[2]

A：[3]

B：[4]

A：That will be good.

ア OK. We can eat it in the park.

イ We don't have time to wait for a long time.

ウ I'm sure this restaurant is very good. Let's try.

エ That's right. Why don't we buy something for lunch at that shop?

6 次の英文に対する答えとして，最も適切なものを，下の**ア**～**エ**から1つ選び，記号で答えなさい。 〈岐阜〉［9点］

You had a *discussion about school uniforms in your class. You said, "We should wear school uniforms." Many classmates had the same opinion, but one of your classmates didn't agree. What did he say in the discussion?

(注) discussion　ディスカッション

ア I don't agree. I think we should wear school uniforms.

イ That sounds nice and I have the same opinion.

ウ I understand your idea, but I have a different opinion.

エ You opinion may be right, but we should wear school uniforms.

5	(1)	1	2	3	4	(2)	1	2	3	4
6										

第2回　英語の総復習テスト

時間……30分　　解答➲別冊解答7ページ

得点　／100点

1 次の文の(　　)に入る最も適切なものを，下の**ア**〜**エ**からそれぞれ1つずつ選び，記号で答えなさい。[3点×5]

(1) How (　　) your day last Sunday?　〈宮崎〉

ア is　**イ** was　**ウ** are　**エ** were

(2) I will study Chinese (　　) this summer vacation.　〈栃木・改〉

ア during　**イ** while　**ウ** since　**エ** between

(3) 〔In a park〕　〈福島〉

A : Hey, look. The boy over there is running very fast. Do you know him?

B : Yes, he is my classmate. He runs faster (　　) any other boy in my class.

ア of　**イ** in　**ウ** than　**エ** as

(4) I wish I (　　) speak Japanese well.

ア will　**イ** may　**ウ** can　**エ** could

(5) I can speak Japanese (　　) my mother taught it to me.　〈栃木〉

ア because　**イ** if　**ウ** so　**エ** when

2 次の対話が成り立つように，(　　)内の語(句)を並べかえなさい。[4点×3]

(1) A : Can you come to my house for a party on Saturday?　〈宮崎・改〉

B : Sounds great! Will you (get / how / me / tell / to) there?

A : I can draw a map for you.

(2) A : I made some *origami* dolls yesterday.　〈宮崎・改〉

B : Can you (the dolls / me / made / show / you)?

A : I have a picture of them on my phone.

(3) A : I had no time to eat breakfast this morning. I'm very hungry.　〈富山〉

B : You often say so. You must get up earlier.

A : I know. So (bed / before / decided / eleven / go / I've / to / to).

1	(1)		(2)		(3)		(4)		(5)	
2	(1)	Will you　　　　there?								
	(2)	Can you　　　　?								
	(3)	So　　　　.								

3 次の(1)～(3)の対話を読んで，(　　)にあてはまる適切な英語を，それぞれ1語で答えなさい。

〈鳥取・改〉［5点×3］

(1) Tom : Your English is very good. How do you study English?
Kana : I watch English news (　　) the Internet.

(2) Woman : How (　　) does it take to go to the city museum from here by bus?
Student : About ten minutes.

(3) John : What did you borrow from the library?
Naoto : *Botchan*. It is the book (　　) by Natsume Soseki. He is one of the most famous writers in Japan.

4 次の(1)，(2)の対話文の□に入る最も適切なものを，下の**ア**～**エ**からそれぞれ1つずつ選び，記号で答えなさい。

〈山形〉［8点×2］

(1) Peter : Did you watch the baseball game on TV last night?
Yuko : Yes, it was a nice game. I'm going to see a game at the stadium tomorrow. Why don't you come with me?
Peter : □
Yuko : OK. I'm happy to hear that. Let's enjoy it.

ア You must practice it.
イ Because I like baseball.
ウ Of course, I will.
エ Sorry, I can't do it.

(2) Takuya : Look at this map. This is a world map used in Japan. We can find your country, France, on the left side of the map. It's far from Japan.
Emma : Oh, this map is different. Japan is on the right side of the maps that I see in my country. It is in the far east of the maps.
Takuya : Sounds interesting. □
Emma : That's true. We should remember that foreign people often see things in their own ways.

ア I think it is easy for Japanese people to make the same map.
イ I don't think people in your country should use those maps.
ウ Maps should be made in the same way all over the world.
エ Maps will be different if they are made in different countries.

3	(1)		(2)		(3)	
4	(1)		(2)			

5 次の英文の［ ① ］～［ ③ ］に入る最も適切な１語をあとの語群から選び，必要に応じて適切な形に直したり，不足している語を補ったりして，英文を完成させなさい。ただし，２語以内で答えること。

〈兵庫〉［8点×3］

Today, I had the first class with our new ALT. He introduced himself to us. He comes from Canada. He can speak English and French. French ［ ① ］ in Canada. I did not know that. He ［ ② ］ to a tennis club when he was in university. I enjoyed ［ ③ ］ to his story very much.

語群：belong　listen　play　speak　visit

6 次は，中学生のYukikoが書いたスピーチ原稿です。これを読んで，あとの問いに答えなさい。

〈鹿児島・改〉［9点×2］

Hello, everyone. I am going to talk about <u>something important</u> that will help us in our lives.

Look at this. This is one of the tomatoes I *grew this year. My brother is studying *agriculture in high school and growing *vegetables. I thought it was interesting, so I started growing tomatoes in my *garden last year. I gave the tomatoes water every day. However, one month later, many of them became sick. My brother didn't give me any *solutions then, but he said, "Do you know why they are sick? Did you try to find the reason?"

I went to the city library and read a book about growing tomatoes. Finally, I found the reason. Tomatoes don't need a lot of water every day. After that, I stopped giving my tomatoes too much water.

This year, I tried again and I have grown my tomatoes well! Experience is the best teacher. Now, I know what to do. I will grow more tomatoes next year.

（注）grew ～　～を育てた（原形は grow，過去分詞形は grown）　agriculture　農業
vegetable(s)　野菜　garden　菜園　solution(s)　解決法

(1) 本文の内容に合っているものを下の**ア**～**エ**から１つ選び，記号で答えなさい。

ア　Yukiko thinks eating tomatoes is good for her health.
イ　Yukiko's brother taught her how to grow tomatoes.
ウ　Yukiko had a problem about growing tomatoes last year.
エ　Yukiko has grown tomatoes well for two years.

(2) 下線部の内容を最も的確に表している１文を本文中から抜き出して書きなさい。

5	①		②		③	
6	(1)		(2)			

1 日目

数と式の計算
正負の数，文字式，平方根

学習日　　月　　日

基礎問題

解答 ➲ 別冊解答 8 ページ

1 正負の数，文字式，平方根の計算

(1) $-7+5$ を計算しなさい。〈茨城〉

(2) $5+4\times(-3^2)$ を計算しなさい。〈京都〉

(3) $2(a+4b)+3(a-2b)$ を計算しなさい。〈和歌山〉

(4) $6x\times 2xy\div 3y$ を計算しなさい。〈埼玉〉

(5) $(45a^2-18ab)\div 9a$ を計算しなさい。〈静岡〉

(6) $\sqrt{18}-6\sqrt{2}$ を計算しなさい。〈埼玉〉

(7) $(2\sqrt{5}+1)(2\sqrt{5}-1)+\dfrac{\sqrt{12}}{\sqrt{3}}$ を計算しなさい。〈愛媛〉

(8) $a=-8$ のとき，$2a+7$ の値を求めなさい。〈大阪〉

(9) $x=5$，$y=-1$ のとき，$3(x+y)-(2x-y)$ の値を求めなさい。〈長崎〉

(10) 25 の平方根を求めなさい。〈栃木〉

(11) $5<\sqrt{n}<6$ をみたす自然数 n の個数を求めなさい。〈京都〉

2 絶対値，近似値

(12) 絶対値が 4 である数をすべて書きなさい。〈北海道〉

(13) 正三角形の 1 辺の長さを小数第 1 位を四捨五入したとき 6cm であった。この正三角形の 1 辺の長さを $a$cm とするとき，a の値の範囲を不等号を使って表しなさい。〈長崎〉

(14) ある数 n を 40 でわり，商の小数第 2 位を四捨五入したら 2.0 になった。このような数 n のうちで最も小さい数を求めなさい。〈埼玉〉

(1) [ ]
(2) [ ]
(3) [ ]
(4) [ ]
(5) [ ]
(6) [ ]
(7) [ ]
(8) [ ]
(9) [ ]
(10) [ ]
(11) [ ]
(12) [ ]
(13) [ ]
(14) [ ]

基礎力確認テスト　／50点

解答 ➡ 別冊解答8ページ

1 A市におけるある日の最高気温と最低気温の温度差は19℃であった。この日のA市の最高気温は15℃であった。最低気温は何度か，求めなさい。〈滋賀〉［4点］

〔　　　　〕

2 次の問いに答えなさい。［5点×6］

(1) $\dfrac{3a+1}{4}-\dfrac{4a-7}{6}$ を計算しなさい。〈京都〉　〔　　　　〕

(2) $12x^2y\times(-3y)^2\div(2xy)^2$ を計算しなさい。〈愛知〉　〔　　　　〕

(3) $(\sqrt{7}-1)^2$ を計算しなさい。〈東京〉　〔　　　　〕

(4) $\dfrac{9}{\sqrt{3}}+\sqrt{12}$ を計算しなさい。〈富山〉　〔　　　　〕

(5) $a=2$，$b=-3$ のとき，$-\dfrac{12}{a}-b^2$ の値を求めなさい。〈愛媛〉　〔　　　　〕

(6) $x=1$，$y=-2$ のとき，$3x(x+2y)+y(x+2y)$ の値を求めなさい。〈北海道〉

〔　　　　〕

3 a，b を負の数とするとき，次の**ア**～**エ**の式のうち，その値がつねに負になるものはどれか。**ア**～**エ**から1つ選び，記号を書きなさい。〈大阪〉［4点］　〔　　　　〕

ア　ab　　**イ**　$a+b$　　**ウ**　$-(a+b)$　　**エ**　$(a-b)^2$

4 $135n$ の値が，ある自然数の2乗となるような自然数 n のうち，最も小さい n の値を求めなさい。〈山口〉［4点］　〔　　　　〕

5 次の問いに答えなさい。［4点×2］

(1) n は自然数で，$\sqrt{24n}$ がある自然数になる。このような n のうちで最も小さい数を求めなさい。〈愛知〉　〔　　　　〕

(2) $\sqrt{10-n}$ の値が自然数となるような自然数 n を，すべて求めなさい。〈和歌山〉

〔　　　　〕

2 日目

多項式と文字式
多項式の計算，文字式の利用

学習日　　月　　日

基礎問題

解答 ➲ 別冊解答8ページ

1 多項式の計算と因数分解

(1) $(x+8)(x-6)$ を展開しなさい。〈栃木〉

(1)〔　　　　〕

(2) $(x+1)^2+(x-4)(x+2)$ を計算しなさい。〈和歌山〉

(2)〔　　　　〕

(3) $(2x+1)(3x-1)-(2x-1)(3x+1)$ を計算しなさい。〈愛知〉

(3)〔　　　　〕

(4) x^2+6x+8 を因数分解しなさい。〈長崎〉

(4)〔　　　　〕

(5) x^2-x-30 を因数分解しなさい。〈三重〉

(5)〔　　　　〕

(6) $x^2+5x-36$ を因数分解しなさい。〈茨城〉

(6)〔　　　　〕

(7) $9x^2-4y^2$ を因数分解しなさい。〈和歌山〉

(7)〔　　　　〕

(8) $3a^2-24a+48$ を因数分解しなさい。〈京都〉

(8)〔　　　　〕

2 式の値

(9) $a=\frac{7}{6}$ のとき，$(3a+4)^2-9a(a+2)$ の値を求めなさい。

〈静岡〉

(9)〔　　　　〕

(10) $a=\sqrt{6}$ のとき，$a(a+2)-2(a+2)$ の値を求めなさい。

〈富山〉

(10)〔　　　　〕

(11) $a=27$，$b=23$ のとき，a^2-b^2 の値を求めなさい。〈宮崎〉

(11)〔　　　　〕

(12) $x=\sqrt{2}+3$ のとき，x^2-6x+9 の値を求めなさい。〈岐阜〉

(12)〔　　　　〕

(13) $a=\sqrt{30}-6$ のとき，$a^2+12a+35$ の値を求めなさい。

〈京都〉

(13)〔　　　　〕

基礎力確認テスト　／50点

解答➡別冊解答 8 ページ

1 等式 $m=\dfrac{3a+7b}{2}$ を，b について解きなさい。〈宮崎〉［10 点］　〔　　　　〕

2 100 個のいちごを 6 人に x 個ずつ配ったところ，y 個余った。この数量の関係を等式で表しなさい。〈栃木〉［10 点］　〔　　　　〕

3 1 本 a 円の鉛筆を 6 本と 1 冊 b 円のノートを 5 冊買うと，代金の合計は 1000 円以下になる。このときの数量の関係を不等式で表しなさい。〈佐賀〉［10 点］

〔　　　　〕

4 右の図は，2020 年 2 月のカレンダーである。この中の

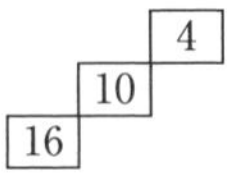

のような 3 つの自然数の組

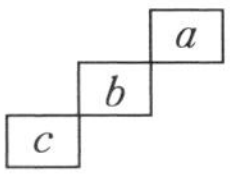

において，b^2-ac はつねに同じ値となる。

次の□内の文は，このことを証明したものである。文中の ア，イ，ウ にあてはまる数をそれぞれ答えなさい。〈栃木〉［完答 10 点］

2020年
2月

日	月	火	水	木	金	土
						1
2	3	4	5	6	7	8
9	10	11	12	13	14	15
16	17	18	19	20	21	22
23	24	25	26	27	28	29

ア〔　　　　〕　イ〔　　　　〕　ウ〔　　　　〕

> b，c をそれぞれ a を用いて表すと，
> $b=a+$ ア ，$c=a+$ イ だから，
> $b^2-ac=(a+$ ア $)^2-a(a+$ イ $)=$ ウ
> したがって，b^2-ac はつねに同じ値 ウ となる。

5 2 つの続いた奇数 3，5 について，5^2-3^2 を計算すると 16 になり，8 の倍数となる。このように，「2 つの続いた奇数では，大きい奇数の平方から小さい奇数の平方をひいた差は，8 の倍数となる。」ことを文字 n を使って証明しなさい。ただし，証明は「n を整数とし，小さい奇数を $2n-1$ とすると，」に続けて完成させなさい。〈長崎〉［10 点］

> （証明）n を整数とし，小さい奇数を $2n-1$ とすると，

3 日目

方程式
１次方程式，連立方程式，２次方程式

学習日　　月　　日

基礎問題

解答 ➲ 別冊解答９ページ

1 いろいろな方程式の解き方

(1) 次の方程式を解きなさい。

① $5x+3=2x+6$ 〈埼玉〉

② $9x+4=5(x+8)$ 〈東京〉

③ $3:(2x+1)=4:(5x-8)$ 〈宮崎〉

④ $\begin{cases} x-4y=9 \\ 2x-y=4 \end{cases}$ 〈新潟〉

⑤ $\begin{cases} 2x-3y=1 \\ 3x+2y=8 \end{cases}$ 〈滋賀〉

⑥ $\begin{cases} y=5-3x \\ x-2y=4 \end{cases}$ 〈埼玉〉

⑦ $x^2+6x-16=0$ 〈富山〉

⑧ $(x+1)^2=3$ 〈静岡〉

⑨ $x^2-3x-2=0$ 〈長崎〉

(1) ①〔　　〕
②〔　　〕
③〔　　〕
④〔　　〕
⑤〔　　〕
⑥〔　　〕
⑦〔　　〕
⑧〔　　〕
⑨〔　　〕

2 方程式の解と文字の値

(2) xについての方程式$2x-a=-x+5$の解が7であるとき，aの値を求めなさい。〈栃木〉

(2)〔　　〕

(3) 連立方程式 $\begin{cases} ax-by=23 \\ 2x-ay=31 \end{cases}$ の解が $x=5$，$y=-3$ であるとき，a，b の値をそれぞれ求めなさい。〈京都〉

(3)〔　　〕

(4) x についての２次方程式 $x^2-5x+a=0$ の解の１つが２であるとき，a の値を求めなさい。〈愛媛〉

(4)〔　　〕

基礎力確認テスト　　／50点

解答➡別冊解答9ページ

1 ある店で定価が同じ2枚のハンカチを3割引きで買った。2000円支払ったところ，おつりは880円であった。このハンカチ1枚の定価は何円か，求めなさい。

〈愛知〉［8点］

〔　　　　　〕

2 ある店で，昨日，ショートケーキが200個売れた。今日は，ショートケーキ1個の値段を昨日よりも30円値下げして販売したところ，ショートケーキが売れた個数は昨日よりも20％ふえ，ショートケーキの売り上げは昨日よりも5400円多くなった。このとき，昨日のショートケーキ1個の値段を求めなさい。〈茨城〉［8点］

〔　　　　　〕

3 x枚の空《から》の封筒とy本の鉛筆がある。封筒の中に鉛筆を，4本ずつ入れると8本足りず，3本ずつ入れると12本余る。このとき，x，yの値を求めなさい。〈新潟〉［完答8点］

x〔　　　　　〕　y〔　　　　　〕

4 Aの箱に赤玉が45個，Bの箱に白玉が27個入っている。Aの箱とBの箱から赤玉と白玉の個数の比が2：1となるようにとり出したところ，Aの箱とBの箱に残った赤玉と白玉の個数の比が7：5になった。Bの箱からとり出した白玉の個数を求めなさい。〈三重〉［8点］

〔　　　　　〕

5 1辺の長さが$x$cmの正方形がある。この正方形の縦の長さを4cm長くし，横の長さを5cm長くして長方形をつくったところ，できた長方形の面積は210cm^{2}であった。xの値を求めなさい。〈大阪〉［8点］

〔　　　　　〕

6 ある素数xを2乗したものに52を加えた数は，xを17倍した数に等しい。このとき，素数xを求めなさい。ただし，xについての方程式をつくり，答えを求めるまでの過程も書くこと。〈佐賀〉［10点］

（求めるまでの過程）

（答）

4 日目

関数
比例と反比例，1次関数，関数 $y=ax^2$

学習日　　月　　日

基礎問題

解答➡別冊解答9ページ

1 関数と変域

(1) y は x に比例し，$x=3$ のとき $y=-6$ である。このとき，y を x の式で表しなさい。〈長崎〉

(1)〔　　　　〕

(2) y は x に反比例していて，$x=2$ のとき $y=4$ である。x と y の関係を式に表しなさい。〈宮崎〉

(2)〔　　　　〕

(3) 関数 $y=\dfrac{3}{x}$ について，x の変域が $1\leqq x\leqq 6$ のとき，y の変域を求めなさい。〈新潟〉

(3)〔　　　　〕

(4) 1次関数 $y=\dfrac{4}{3}x-7$ について，x の増加量が6のときの y の増加量を求めなさい。〈京都〉

(4)〔　　　　〕

(5) 関数 $y=2x+1$ について，x の変域が $1\leqq x\leqq 4$ のとき，y の変域を求めなさい。〈北海道〉

(5)〔　　　　〕

(6) y が x の1次関数で，そのグラフが2点$(4,\ 3)$，$(-2,\ 0)$を通るとき，この1次関数の式を求めなさい。〈埼玉〉

(6)〔　　　　〕

(7) 2直線 $y=-x+2$，$y=2x-7$ の交点の座標を求めなさい。〈愛知〉

(7)〔　　　　〕

2 関数 $y=ax^2$ の座標と変化の割合

(8) 関数 $y=-7x^2$ のグラフ上に y 座標が -28 である点がある。この点の x 座標を求めなさい。〈滋賀〉

(8)〔　　　　〕

(9) 関数 $y=2x^2$ で，x の値が2から5まで増加するときの変化の割合を求めなさい。〈岐阜〉

(9)〔　　　　〕

(10) 関数 $y=-x^2$ について，x の値が1から4まで増加するときの変化の割合を求めなさい。〈栃木〉

(10)〔　　　　〕

基礎力確認テスト　／50点

解答➲別冊解答9ページ

1 次の**ア**～**エ**のうち，y が x に反比例するものを1つ選び，記号を書きなさい。

〈長崎〉［7点］

〔　　　　　　〕

ア　100L の水を xL 使ったときの残りの水の量 yL

イ　半径 $x$cm の円の面積 $y\mathrm{cm}^2$

ウ　時速 4km で x 時間歩いたときの進んだ道のり $y$km

エ　面積 $6\mathrm{cm}^2$ の三角形の底辺の長さ $x$cm，高さ $y$cm

2 直線 $y=-\frac{2}{3}x+5$ に平行で，点$(-6,\ 2)$を通る直線の式を求めなさい。〈京都〉［7点］

〔　　　　　　〕

3 関数 $y=ax^2$ について，x の値が1から5まで増加するときの変化の割合が-12である。このとき，a の値を求めなさい。〈新潟〉［7点］

〔　　　　　　〕

4 関数 $y=ax^2$ で，x の変域が $-1 \leqq x \leqq 2$ のとき，y の変域は $0 \leqq y \leqq 3$ である。a の値を求めなさい。〈山口〉［7点］

〔　　　　　　〕

5 右の図で，2点A，Bは関数 $y=x^2$ のグラフ上の点であり，点Aの x 座標は-3，点Bの x 座標は2である。直線ABと x 軸との交点をCとする。このとき，点Cの座標を求めなさい。〈茨城〉［7点］

〔　　　　　　〕

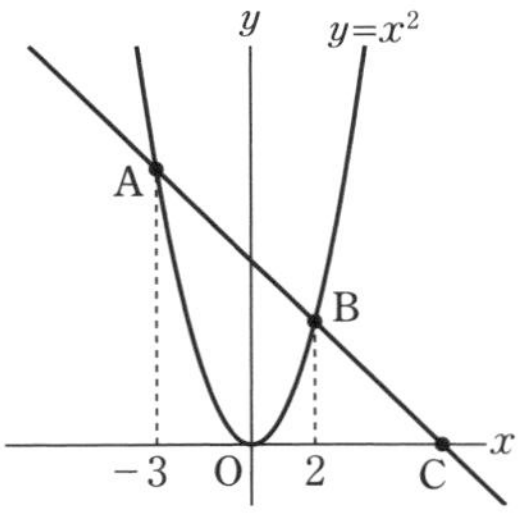

6 右の図のように，関数 $y=ax^2$ のグラフと直線 ℓ が，2点A，Bで交わっている。Aの座標は$(-1,\ 2)$で，Bの x 座標は2である。次の(1)～(3)の問いに答えなさい。〈岐阜〉［5点×3］

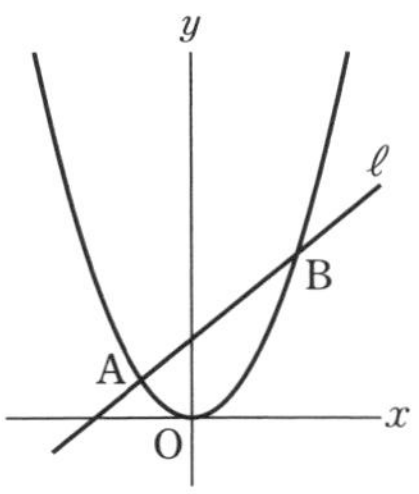

(1) a の値を求めなさい。〔　　　　　　〕

(2) 直線 ℓ の式を求めなさい。〔　　　　　　〕

(3) △AOBの面積を求めなさい。〔　　　　　　〕

5 日目

平面図形
平行線と多角形，円

学習日　　月　　日

基礎問題

解答 ➲ 別冊解答 10 ページ

1 平行線や多角形の角，円周角

(1) 下の図で，$\ell /\!/ m$ のとき，$\angle x$ の大きさを求めなさい。〈埼玉〉

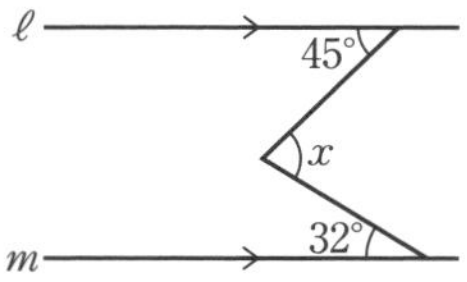

(2) 正十角形の１つの内角（下の図中の $\angle x$）の大きさを求めなさい。〈山口〉

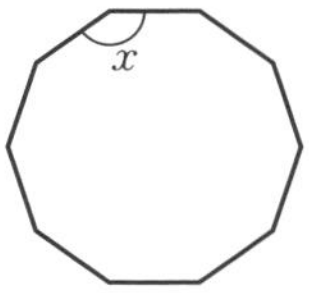

(3) 下の図において，$\angle x$ の大きさは何度か，求めなさい。〈兵庫〉

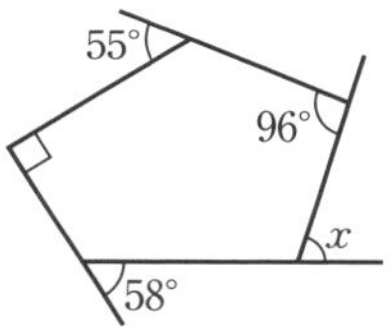

(4) 下の図のような円 O において，$\angle x$ の大きさを求めなさい。〈長崎〉

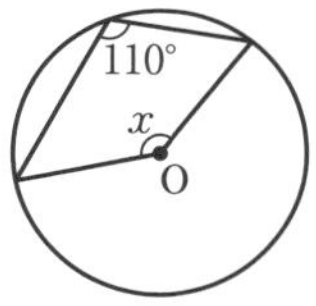

(1)〔　　〕
(2)〔　　〕
(3)〔　　〕
(4)〔　　〕

2 合同と相似，三平方の定理

(5) 下の図のような５つの直線がある。直線 ℓ，m，n が $\ell /\!/ m$，$m /\!/ n$ であるとき，x の値を求めなさい。

〈北海道〉

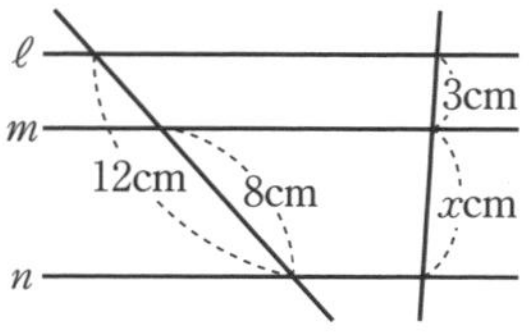

(6) △ABC と△DEF は相似であり，その相似比は 2：3 である。△ABC の面積が 8 cm² であるとき，△DEF の面積を求めなさい。〈栃木〉

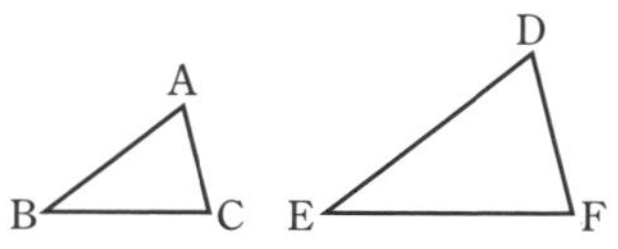

(7) △ABC があり，AB＝12 cm，BC＝8 cm，∠ABC＝90° のとき，辺 CA の長さを求めなさい。〈京都〉

(5)〔　　〕
(6)〔　　〕
(7)〔　　〕

基礎力確認テスト　／50点

解答➡別冊解答 10ページ

1 右の図で，∠AOB の二等分線を作図しなさい。ただし，作図には定規とコンパスを用い，作図に使った線は消さないでおくこと。〈岩手〉［8点］

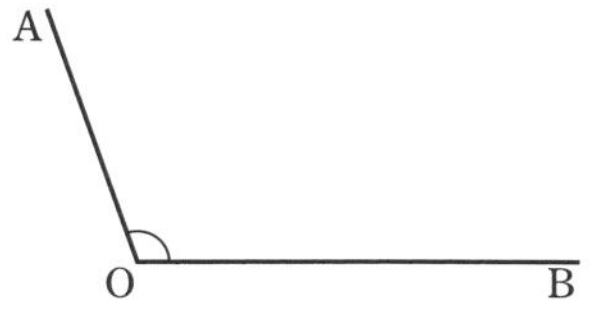

2 右の図のように，長方形 ABCD を対角線 AC を折り目として折り返し，頂点 B が移った点を E とする。∠ACE＝20°のとき，∠x の大きさを求めなさい。〈和歌山〉［8点］

〔　　　　　　〕

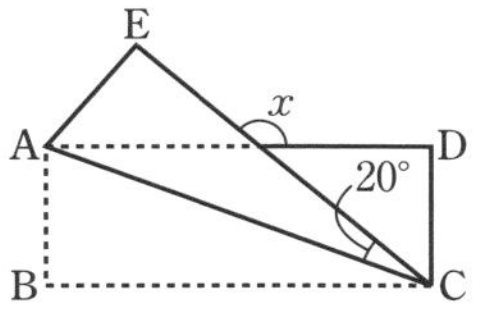

3 右の図で，3 点 A，B，C は円 O の周上にあり，半直線 PA，PB は接線である。このとき，∠APB の大きさを求めなさい。〈岩手〉［8点］

〔　　　　　　〕

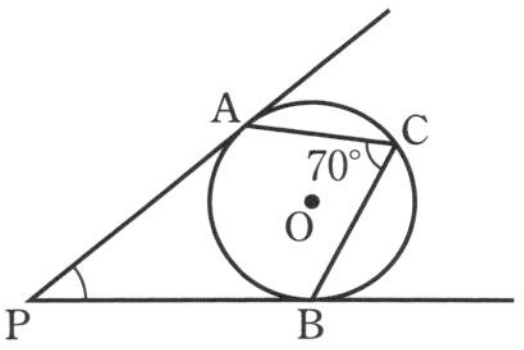

4 右の図の△ABC で，2 点 D，E は辺 BC を 3 等分した点で，B に近いほうから順に D，E とする。また，点 F は辺 AB の中点で，点 G は 2 つの線分 AE と CF の交点である。このとき，AG の長さを求めなさい。〈岩手〉［8点］

〔　　　　　　〕

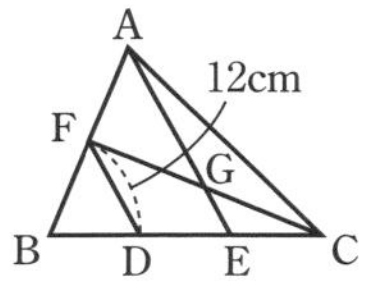

5 右の図のように，平行四辺形 ABCD があり，対角線 AC と対角線 BD との交点を E とする。辺 AD 上に点 A，D と異なる点 F をとり，線分 FE の延長と辺 BC との交点を G とする。このとき，△AEF≡△CEG であることを証明しなさい。〈新潟〉［9点］

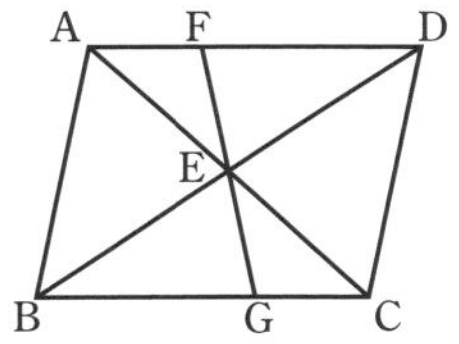

（証明）

6 右の図のように，△ABC の辺 AB 上に点 D，辺 BC 上に点 E をとる。このとき，△ABC ∽△EBD であることを証明しなさい。〈栃木〉［9点］

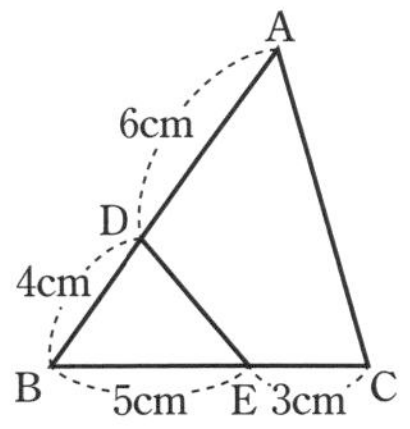

（証明）

6 日目

空間図形
角柱・円柱，角錐・円錐，球

学習日　　月　　日

基礎問題

解答 ➲ 別冊解答 10 ページ

1 投影図，直線や平面の位置関係

(1) 右の図は，ある立体の投影図である。この投影図が表す立体の名前として正しいものを，次の**ア**～**エ**から1つ選び，記号を書きなさい。〈栃木〉

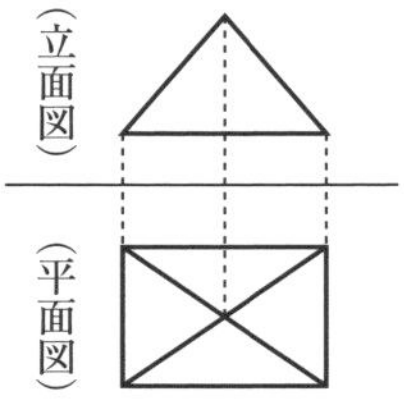

ア　四角錐　　**イ**　四角柱
ウ　三角錐　　**エ**　三角柱

(1)〔　　　　〕

(2) 右の図は，三角柱 ABCDEF である。辺 AB とねじれの位置にある辺は，何本あるか答えなさい。〈富山〉

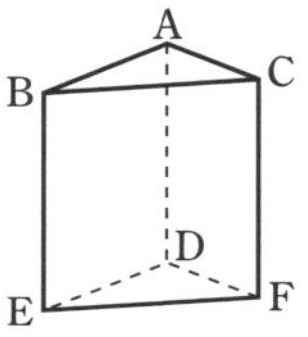

(2)〔　　　　〕

2 立体の体積と表面積

(3) 右の図のように，底面の半径が 2 cm，体積が $24\pi\ \text{cm}^3$ の円柱がある。この円柱の高さを求めなさい。〈北海道〉

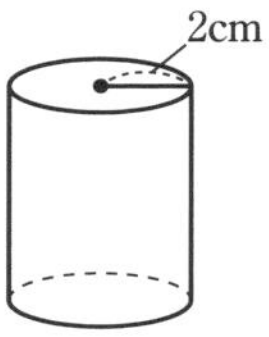

(3)〔　　　　〕

(4) 右の図のように，1 辺の長さが 4 cm の立方体にちょうど入る大きさの球がある。この球の体積を求めなさい。ただし，円周率は π とする。〈佐賀〉

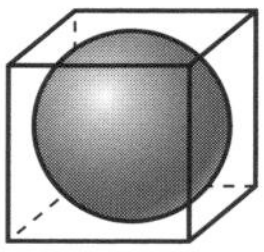

(4)〔　　　　〕

(5) 右の図のような円錐の体積は何 cm^3 か，求めなさい。ただし，円周率は π とする。〈兵庫〉

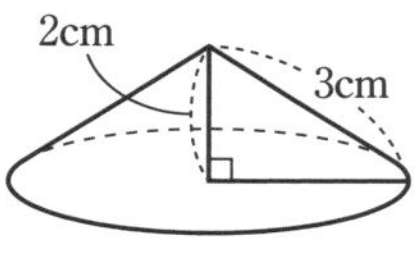

(5)〔　　　　〕

(6) 右の図は，半径 2 cm の円を底面とする円錐の展開図であり，円錐の側面になる部分は半径 5 cm のおうぎ形である。このおうぎ形の中心角の大きさを求めなさい。〈静岡〉

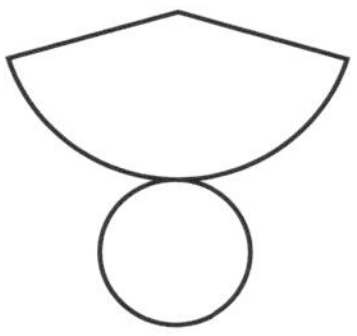

(6)〔　　　　〕

基礎力確認テスト　／50点

解答➡別冊解答 10ページ

1 右の図は，円錐の投影図である。この円錐の立面図は1辺の長さが6cmの正三角形である。このとき，この円錐の体積を求めなさい。〈和歌山〉［8点］

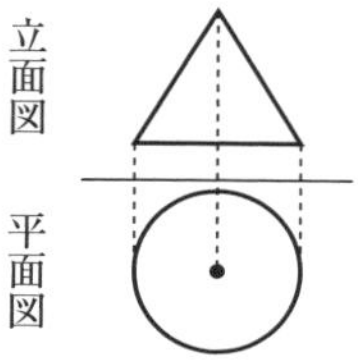

〔　　　　〕

2 右の図のように，AB＝4cm，AD＝2cm，AE＝3cmの直方体の表面に，ひもを，頂点Aから頂点Hまで，辺BFと辺CGに交わるようにかける。ひもの長さが最も短くなるときのひもの長さを求めなさい。〈愛媛〉［8点］

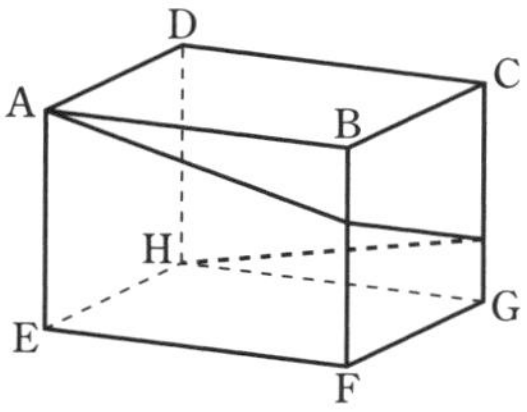

〔　　　　〕

3 右の図は，AB＝7cm，AD＝5cm，BF＝6cmの直方体ABCD－EFGHである。辺BF，DH上に，それぞれ点P，Qを，BP＝HQ＝1cmとなるようにとる。この直方体を，4点A，P，G，Qを通る平面で切ると，切り口はひし形になる。このとき，次の(1)，(2)に答えなさい。〈岩手〉［8点×2］

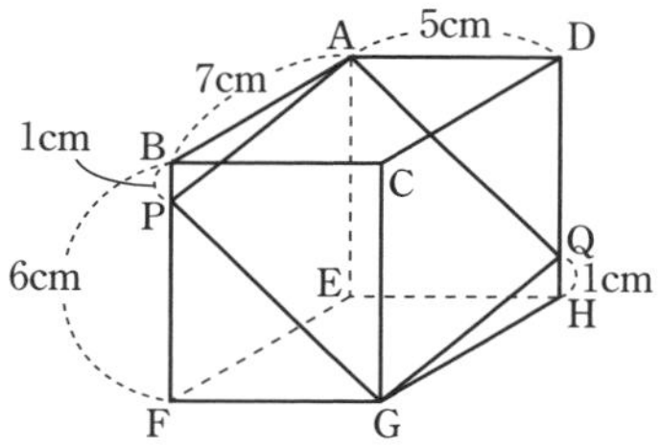

(1) APの長さを求めなさい。　〔　　　　〕

(2) ひし形APGQの面積を求めなさい。　〔　　　　〕

4 **図1**のように，ABを直径とする半円があり，AB＝3cmである。この半円を，直線ABを回転の軸として1回転させてできる立体をXとする。また，**図2**のように，台形CDEFがあり，$CD=\frac{5}{3}$ cm，CF＝2cm，$DE=2\sqrt{5}$ cm，∠C＝∠F＝90°である。このとき，次の問い(1)・(2)に答えなさい。ただし，円周率はπとする。〈京都〉［6点×3］

図1

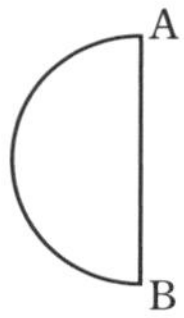

図2

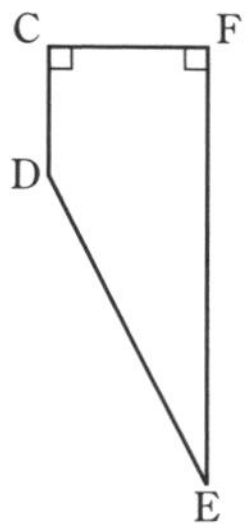

(1) 立体Xの表面積を求めなさい。また，辺EFの長さを求めなさい。

表面積〔　　　　〕　長さ〔　　　　〕

(2) 台形CDEFを，直線EFを回転の軸として1回転させてできる立体をYとするとき，立体Xと立体Yの体積の比を最も簡単な整数の比で表しなさい。

〔　　　　〕

7 日目

確率／データの活用
確率，度数分布表，ヒストグラム，標本調査

学習日　　月　　日

基礎問題

解答➲別冊解答 11 ページ

1 確率

(1) 大小２つのさいころを同時に投げるとき，出る目の数の和が５となる確率を求めなさい。〈佐賀〉

(1)〔　　　　〕

(2) ２枚の硬貨を同時に投げるとき，２枚とも裏が出る確率はいくらですか。表と裏のどちらが出ることも同様に確からしいものとして答えなさい。〈大阪〉

(2)〔　　　　〕

2 データの活用と代表値

(3) 男子生徒６人のハンドボール投げの記録は，右のようであった。６人のハンドボール投げの記録の中央値は何 m か，求めなさい。〈愛知〉

（単位：m）

23，26，25，26，20，18

(3)〔　　　　〕

(4) (3)の記録の四分位範囲を求めなさい。

(4)〔　　　　〕

(5) 下の表は，10 点満点の小テストにおいて，100 人の得点の結果をまとめたものである。小テストの点数の最頻値を求めなさい。〈滋賀〉

小テストの点数(点)	0	1	2	3	4	5	6	7	8	9	10	計
人数(人)	0	3	4	4	6	11	19	28	13	7	5	100

(5)〔　　　　〕

(6) ある中学校の１年生 120 人の 50m 走の記録を調べ，7.4 秒以上 7.8 秒未満の階級の相対度数を求めたところ 0.15 であった。7.4 秒以上 7.8 秒未満の人数は何人か，求めなさい。〈愛知〉

(6)〔　　　　〕

(7) ある工場で作られた製品の中から，100 個の製品を無作為に抽出して調べたところ，その中の２個が不良品であった。この工場で作られた 4500 個の製品の中には，何個の不良品が含まれていると推定できるか，およその個数を求めなさい。〈栃木〉

(7)〔　　　　〕

基礎力確認テスト　　／50点

解答➡別冊解答 11 ページ

1 袋の中に，赤玉３個，白玉２個が入っている。袋から玉を１個とり出し，それを袋にもどして，また１個とり出すとき，少なくとも１回は赤玉が出る確率を求めなさい。ただし，袋からどの玉がとり出されることも同様に確からしいとする。〈茨城〉［9点］

〔　　　　　〕

2 理科の授業で月について調べたところ，月の直径は，3470 km であることがわかった。この直径は，一の位を四捨五入して得られた近似値である。月の直径の真の値を a km として，a の範囲を不等号を使って表しなさい。また，月の直径を，四捨五入して有効数字２桁として，整数部分が１桁の小数と 10 の累乗の積の形で表しなさい。〈静岡〉［8点×2］

a の範囲〔　　　　　〕　月の直径〔　　　　　〕

3 右の表は，あるみかん農園でとれたみかん 8000 個から，無作為に抽出したみかん 40 個の糖度を調べ，その結果を度数分布表に表したものである。〈愛媛〉［8点×2］

抽出したみかん 40 個の糖度

階級(度)	度数(個)
9 以上 ～ 10 未満	2
10 ～ 11	**ア**
11 ～ 12	13
12 ～ 13	12
13 ～ 14	9
計	40

(1) 表の**ア**にあてはまる数を書きなさい。

〔　　　　　〕

(2) この結果をもとにすると，このみかん農園でとれたみかん 8000 個のうち，糖度が 11 度以上 13 度未満のみかんの個数は，およそ何個と推測されるか。

〔　　　　　〕

4 生徒をそれぞれ 10 人ずつの A グループ，B グループに分けてクイズ大会を行った。その結果について，得点の様子をヒストグラムに表すと右の図のようになった。このヒストグラムから，例えば，A グループでは 20 点以上 40 点未満の生徒が１人いたことがわかる。このとき，次の**ア**～**エ**から正しいものをすべて選び，記号を書きなさい。〈佐賀〉［9点］

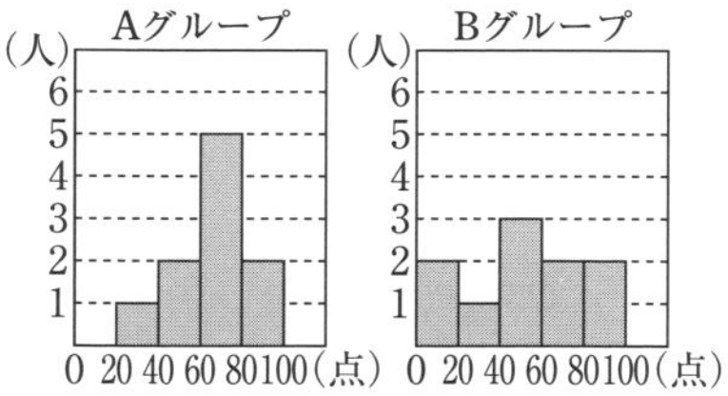

〔　　　　　〕

ア　A グループの中央値は，B グループの中央値よりも大きい。

イ　B グループの最頻値は，A グループの最頻値よりも大きい。

ウ　40 点以上 60 点未満の階級の相対度数は，A グループのほうが B グループよりも大きい。

エ　60 点以上の点数をとった生徒の人数は，A グループのほうが B グループよりも多い。

第1回　数学の総復習テスト

時間……40分　　解答➲別冊解答12ページ

得点　　／100点

1 次の問いに答えなさい。［5点×9］

(1) 次の計算をしなさい。

① $6+4\times(-2)$ 〈長崎〉　② $4(-x+3y)-5(x+2y)$ 〈茨城〉

③ $14x^2y\div(-7y)^2\times 28xy$ 〈滋賀〉　④ $(x+2)^2-x(x-3)$ 〈愛媛〉

⑤ $\sqrt{32}-\sqrt{18}+\sqrt{2}$ 〈和歌山〉　⑥ $(\sqrt{3}+1)(\sqrt{3}-3)$ 〈佐賀〉

(2) $2x^2-18$ を因数分解しなさい。〈北海道〉

(3) 連立方程式 $\begin{cases} 3x+y=-5 \\ 2x+3y=6 \end{cases}$ を解きなさい。〈栃木〉

(4) 2次方程式 $x^2+x-9=0$ を解きなさい。〈東京〉

2 次の問いに答えなさい。［4点×5］

(1) **図1**で，$\ell /\!/ m$ のとき，$\angle x$ の大きさは何度か，求めなさい。〈兵庫〉

(2) **図2**のように，円Oの周上に3点A，B，Pがあり，$\angle \mathrm{APB}=75°$ である。円周角 $\angle \mathrm{APB}$ に対する $\overset{\frown}{\mathrm{AB}}$ の長さが 4π cmであるとき，円Oの周の長さを求めなさい。〈京都〉

図1

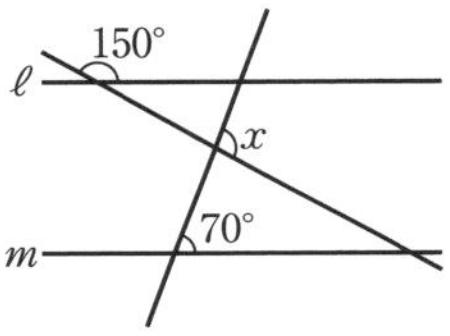

図2

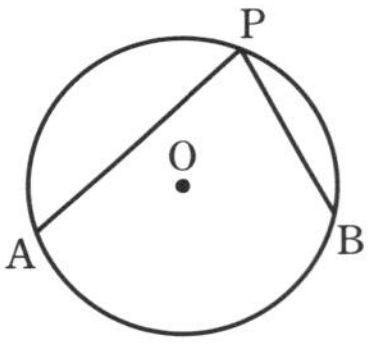

(3) 1から6までの目のついた大，小2つのさいころを同時に投げたとき，大きいさいころの出た目の数を a，小さいさいころの出た目の数を b とする。このとき，出た目の数の積 $a\times b$ の値が25以下となる確率を求めなさい。〈新潟〉

(4) 右の表は，ある中学校の3年生40人のハンドボール投げの記録を度数分布表に整理したものである。この度数分布表について，次の各問いに答えなさい。〈三重〉

① 最頻値を求めなさい。

② 10m以上15m未満の階級の相対度数を求めなさい。

階級(m) 以上		未満	度数(人)
5	～	10	2
10	～	15	8
15	～	20	11
20	～	25	13
25	～	30	5
30	～	35	1
計			40

1	(1)	①		②		③	
		④		⑤		⑥	
	(2)			(3)		(4)	
2	(1)			(2)		(3)	
	(4)	①		②			

3 図3のように，関数 $y=x^2$ のグラフ上に，x 座標が -3 となる点 A をとる。点 A を通り，傾きが -1 となる直線と y 軸との交点を B とする。このとき，次の(1)，(2)の問いに答えなさい。

〈岐阜〉［5点×2］

(1) 2点 A，B を通る直線の式を答えなさい。

(2) △OAB の面積を求めなさい。

図3

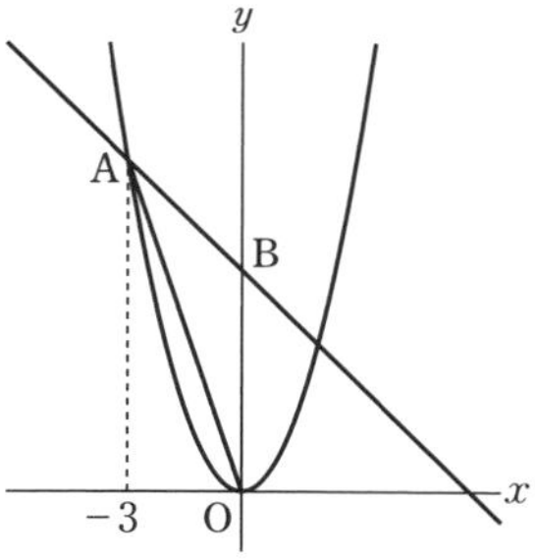

4 図4のように，同じ円周上に3点 A，B，C があり，∠BAC は鈍角，AB＝AC となっている。点 A を含まない $\overset{\frown}{BC}$ 上に AD∥BE となるように点 B，C と異なる点 D，E をとる。また，線分 BC と2つの線分 AD，AE との交点をそれぞれ点 F，G とする。このとき，△ABF ∽ △GEB であることを証明しなさい。〈岩手〉［10点］

図4

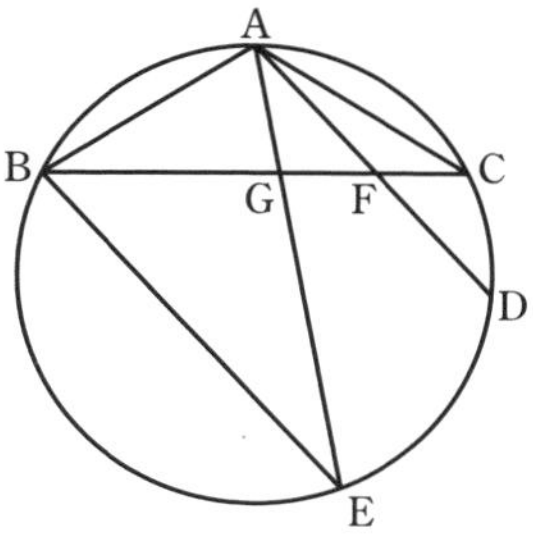

5 図5の立体は，1辺の長さが 4cm の立方体である。このとき，次の(1)〜(3)に答えなさい。

〈静岡〉［5点×3］

図5

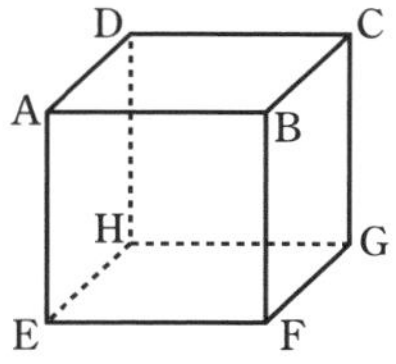

図6

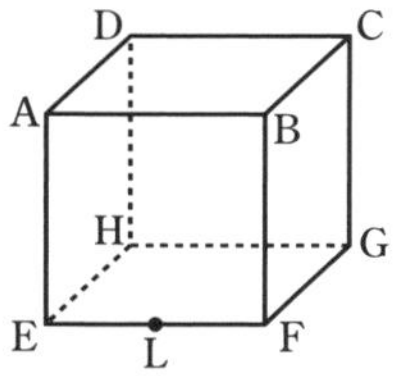

図7

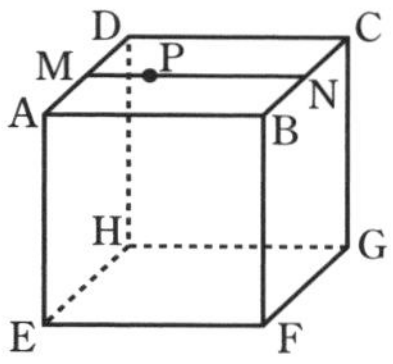

(1) 辺 AE とねじれの位置にあり，面 ABCD と平行である辺はどれですか。すべて答えなさい。

(2) この立方体において，**図6**のように，辺 EF の中点を L とする。線分 DL の長さを求めなさい。

(3) この立方体において，**図7**のように，辺 AD，BC の中点をそれぞれ M，N とし，線分 MN 上に MP＝1cm となる点 P をとる。四角形 AFGD を底面とする四角錐 PAFGD の体積を求めなさい。

<table>
<tr><td rowspan="2">3</td><td>(1)</td><td></td><td rowspan="5">4</td><td rowspan="5">(証明)</td></tr>
<tr><td>(2)</td><td></td></tr>
<tr><td rowspan="3">5</td><td>(1)</td><td></td></tr>
<tr><td>(2)</td><td></td></tr>
<tr><td>(3)</td><td></td></tr>
</table>

第2回　数学の総復習テスト

時間……40分

解答➲別冊解答 13 ページ

得点

／100点

1 次の問いに答えなさい。［5点×8］

(1) 次の計算をしなさい。

① $4-6\div(-2)$ 〈愛知〉　② $3(5a-b)-(7a-4b)$ 〈東京〉

③ $(-5a)^2\times 8b\div 10ab$ 〈静岡〉　④ $(x-4)(x-3)-(x+2)^2$ 〈愛媛〉

⑤ $\sqrt{6}\times\sqrt{2}-\sqrt{3}$ 〈北海道〉　⑥ $(\sqrt{5}-\sqrt{2})^2$ 〈三重〉

(2) $a^2+4a-45$ を因数分解しなさい。〈山口〉

(3) 2 次方程式 $3x^2-x-1=0$ を解きなさい。〈宮崎〉

2 次の問いに答えなさい。［5点×5］

(1) **図 1** のように，円 O の周上に 4 点 A，B，C，D があり，BD は円 O の直径である。$\angle x$ の大きさは何度か，求めなさい。〈兵庫〉

図 1

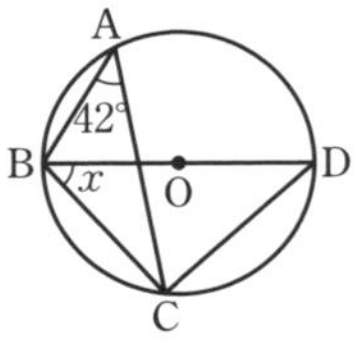

(2) 3 枚の硬貨を投げるとき，少なくとも 1 枚は表が出る確率を求めなさい。ただし，それぞれの硬貨の表裏の出方は，同様に確からしいものとする。〈京都〉

(3) A 中学校の生徒数は，男女合わせて 365 人である。そのうち，男子の 80% と女子の 60% が，運動部に所属しており，その人数は 257 人であった。このとき，A 中学校の男子の生徒数と女子の生徒数を，それぞれ求める。〈富山〉

① A 中学校の男子の生徒数を x 人，女子の生徒数を y 人として，連立方程式をつくりなさい。

② A 中学校の男子の生徒数と女子の生徒数を，それぞれ求めなさい。

(4) 解答欄の図のように，3 点 A，B，C がある。2 点 A，B から等しい距離にある点のうち，点 C から最も近い点 P を，解答欄に作図しなさい。ただし，作図に用いた線は消さずに残しておくこと。〈愛媛〉

<table>
<tr><td rowspan="3">1</td><td rowspan="2">(1)</td><td>①</td><td></td><td>②</td><td></td><td>③</td><td></td></tr>
<tr><td>④</td><td></td><td>⑤</td><td></td><td>⑥</td><td></td></tr>
<tr><td>(2)</td><td></td><td>(3)</td><td></td><td rowspan="4">2
(4)</td><td rowspan="4">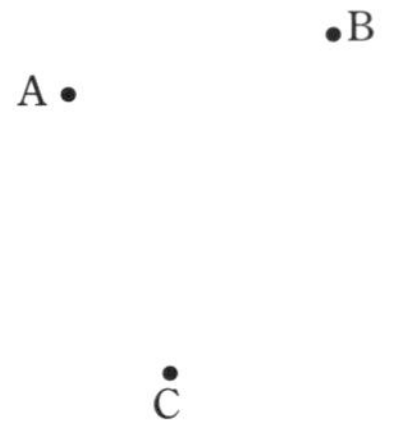</td></tr>
<tr><td rowspan="3">2</td><td>(1)</td><td></td><td>(2)</td><td colspan="2"></td></tr>
<tr><td rowspan="2">(3)</td><td>①</td><td colspan="3"></td></tr>
<tr><td>②</td><td colspan="3">男子…　　　　女子…</td></tr>
</table>

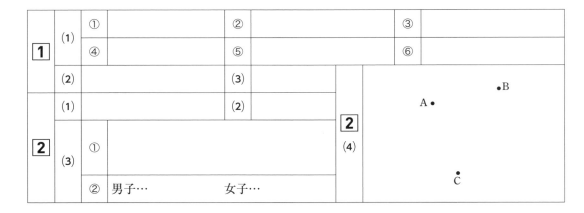

3 **図2**のように，線分 AB を直径とする半円があり，AB＝5cm とする。$\overset{\frown}{\mathrm{AB}}$ 上に点 C を，BC＝2cm となるようにとる。このとき，線分 AC の長さを求めなさい。〈北海道〉［5点］

図2

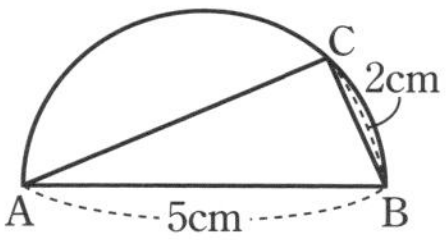

4 **図3**のように，関数 $y=x^2$ のグラフ上に y 座標が等しい2点 P，Q があり，P の x 座標は正で，Q の x 座標は負である。また，関数 $y=\frac{1}{4}x^2$ のグラフ上に y 座標が等しい2点 R，S があり，P，S の x 座標は等しく，Q，R の x 座標も等しくなっている。このとき，次の(1)，(2)に答えなさい。〈岩手〉［5点×2］

図3

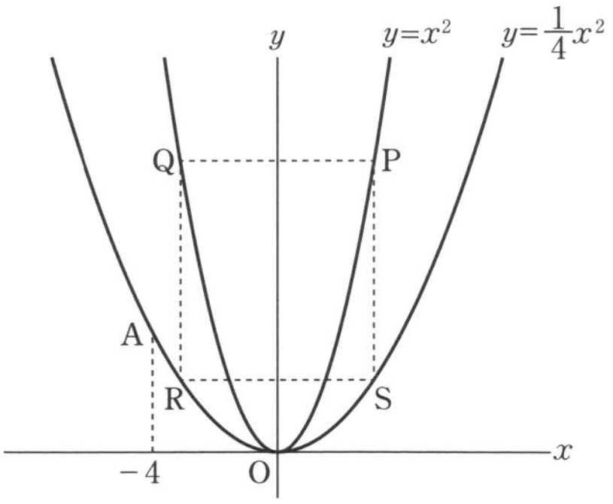

(1) 関数 $y=\frac{1}{4}x^2$ のグラフ上に，x 座標が -4 となる点 A をとるとき，A の y 座標を求めなさい。

(2) 四角形 PQRS が正方形となるとき，点 P の座標を求めなさい。

5 **図4**のように，平行四辺形 ABCD の対角線の交点を O とし，線分 OA，OC 上に，AE＝CF となる点 E，F をそれぞれとる。このとき，四角形 EBFD は平行四辺形であることを証明しなさい。〈埼玉〉［10点］

図4

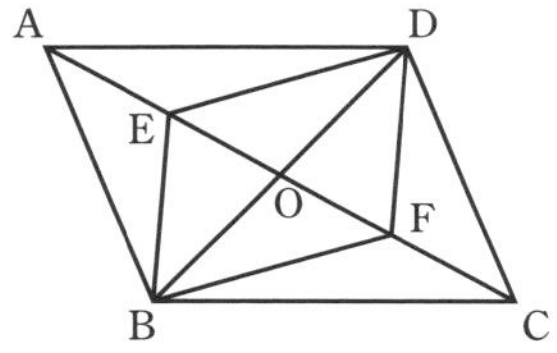

6 **図5**のような，半径 4cm の球 O と半径 2cm の球 O′ がちょうど入っている円柱がある。その円柱の底面の中心と2つの球の中心 O，O′ とを含む平面で切断したときの切り口を表すと，**図6**のようになる。この円柱の高さを求めなさい。〈栃木〉［10点］

図5

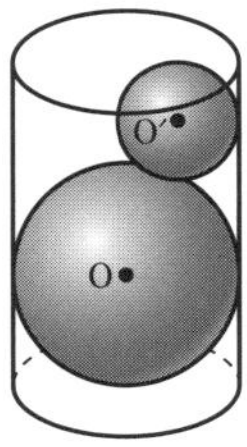

図6

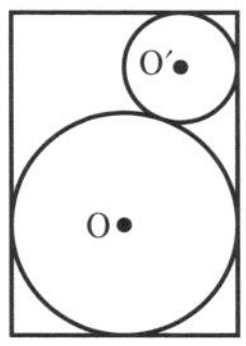

<table>
<tr><td>3</td><td colspan="2"></td><td rowspan="4">5</td><td rowspan="4">（証明）</td></tr>
<tr><td rowspan="2">4</td><td>(1)</td><td></td></tr>
<tr><td>(2)</td><td></td></tr>
<tr><td>6</td><td colspan="2"></td></tr>
</table>

1日目

身のまわりの現象／電流

学習日　　月　　日

基礎問題

解答 ➲ 別冊解答 14ページ

1 身のまわりの現象

(1) 光が異なる物質どうしの境界へ進むとき，境界面で光が曲がる現象を何というか。〈兵庫〉

(1)〔　　　　〕

(2) 光がガラスから空気中へと進むとき，入射角を大きくしていくと，通り抜ける光はなく，すべての光が境界面で反射する。この現象を何というか。〈愛媛〉

(2)〔　　　　〕

(3) 凸レンズを通過した光が実際にスクリーンの上に集まってできる像を何というか。〈茨城〉

(3)〔　　　　〕

(4) 凸レンズを通して物体を見るとき，物体が凸レンズと焦点の間にあると，像が物体と同じ向きに大きく見える。このような像を何というか。〈鹿児島〉

(4)〔　　　　〕

(5) ばねののびが，ばねにはたらく力の大きさに比例することは，ある法則として知られている。この法則は，発見者にちなんで，何とよばれるか。〈静岡〉

(5)〔　　　　〕

(6) 斜面上に台車があるとき，斜面が台車を垂直に押す力を何というか。〈和歌山〉

(6)〔　　　　〕

2 電流

(7) 電熱線を流れた電流は，電熱線に加えた電圧に比例する。この関係を何の法則というか。〈宮崎〉

(7)〔　　　　〕

(8) 金属などのように，電気抵抗が小さく，電流が流れやすい物質を何というか。〈山形〉

(8)〔　　　　〕

(9) コイルの中の磁界が変化すると，その変化に応じた電圧が生じて，コイルに電流が流れる現象を何というか。〈三重〉

(9)〔　　　　〕

(10) コイルの中の磁界が変化することによって流れる電流は何とよばれるか。〈愛媛〉

(10)〔　　　　〕

(11) 次の文の［　　］に入る語句を答えなさい。〈山梨〉
家庭のコンセントに届けられる電流は［　　］である。

(11)〔　　　　〕

基礎力確認テスト　／50点

解答➔別冊解答14ページ

1 次の問いに答えなさい。［5点×3］

(1) **図1**のように，方眼紙の上に光源装置を置き，垂直に立てた鏡2枚を用いて，光の道すじを調べる実験を行った。光源装置から出た光は，鏡①と鏡②で反射してスクリーンのどこに届くか。図中の**ア**～**エ**から1つ選び，記号を書きなさい。〈岩手〉　〔　　　〕

図1

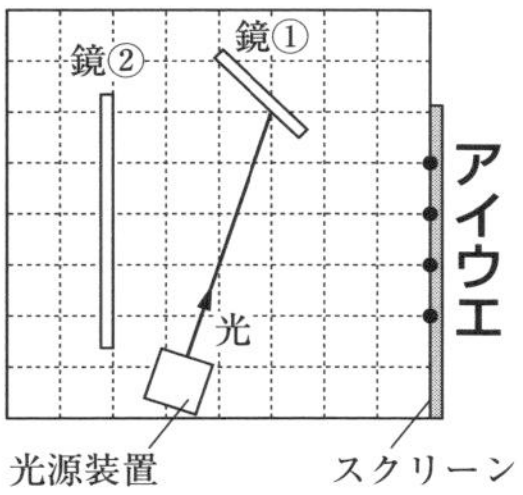

(2) **図2**は，光がガラスから空気へ進む向きを表している。この進んだ光の向きとして適切なものを，**図2**の**ア**～**エ**から1つ選び，記号を書きなさい。〈兵庫〉

〔　　　〕

図2

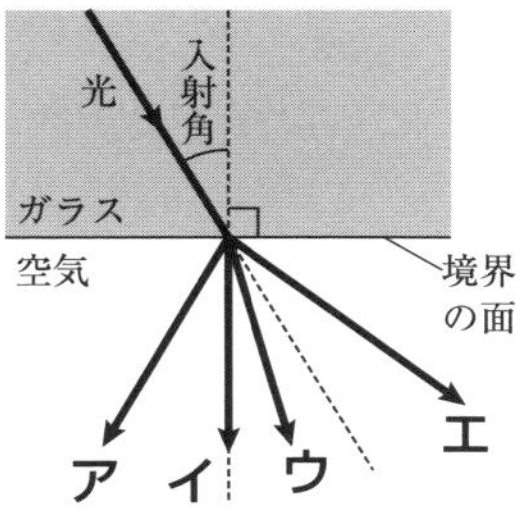

(3) 光がでこぼこした面に当たって，いろいろな方向にはね返ることを何というか。〈山口〉

〔　　　　　〕

2 電流とそのはたらきを調べるために，抵抗器a，bを用いて回路をつくり，次の**実験1**～**3**を行った。この実験に関して，あとの問いに答えなさい。ただし，抵抗器aの電気抵抗は30Ωとする。〈新潟〉［7点×5］

実験1　**図3**のように，回路をつくり，スイッチを入れ，電圧計が6.0Vを示すように電源装置を調節し，電流を測定した。

図3

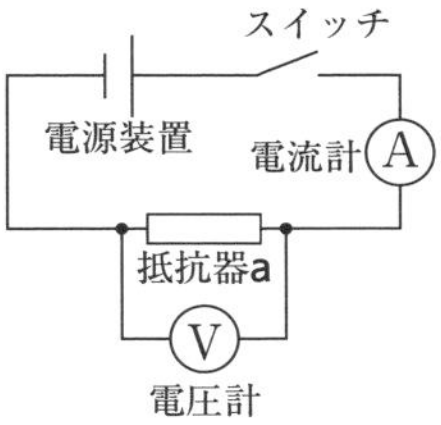

図4

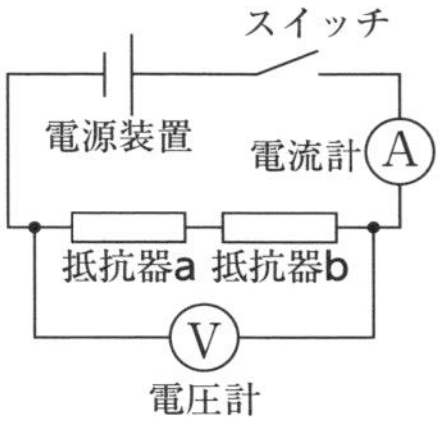

図5

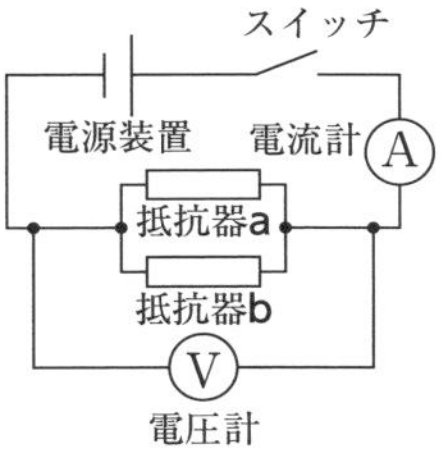

実験2　**図4**のように，回路をつくり，スイッチを入れ，電圧計が6.0Vを示すように電源装置を調節したところ，電流計は120mAを示した。

実験3　**図5**のように，回路をつくり，スイッチを入れ，電圧計が6.0Vを示すように電源装置を調節し，電流を測定した。

(1) **実験1**で，電流計は何mAを示すか。　〔　　　〕

(2) 抵抗器bの電気抵抗は何Ωか。　〔　　　〕

(3) **実験2**で，抵抗器bの両端に加わる電圧は何Vか。　〔　　　〕

(4) **実験3**で，電流計は何mAを示すか。　〔　　　〕

(5) **実験2**で抵抗器aが消費する電力は，**実験3**で抵抗器aが消費する電力の何倍になるか。　〔　　　〕

2 日目

運動とエネルギー／物質のすがた

学習日　　月　　日

基礎問題

解答→別冊解答 14 ページ

1 運動とエネルギー

(1) ヨットは水中で上向きの力を受けることで水に浮くことができる。この力を何というか。〈和歌山〉

(1) [　　　　]

(2) 一直線上を一定の速さで進む運動は何とよばれるか。〈静岡〉

(2) [　　　　]

(3) 次の文の□に入る語句を答えなさい。〈和歌山〉
ロケットの打ち上げで，ロケットが高温の気体を押す力と高温の気体がロケットを押す力の間には□の法則が成り立っている。

(3) [　　　　]

(4) 物体にはたらく力がつり合っているとき，静止している物体は静止し続け，運動している物体は等速直線運動を続ける。このような法則を何というか。〈岐阜〉

(4) [　　　　]

(5) 物体をある高さまで引き上げるのに必要な仕事の量は，道具を使っても使わなくても変わらない。このことを何というか。〈京都〉

(5) [　　　　]

2 物質のすがた

(6) 酸化銀を試験管に入れて加熱したところ，気体が発生した。この気体を集めるのに最も適切な集め方は何か。〈福井〉

(6) [　　　　]

(7) 溶液において，物質をとかす液体を何というか。〈山形〉

(7) [　　　　]

(8) 固体の物質を水に一度とかし，とかした水溶液の温度を下げることで再び物質を固体としてとり出すことを何というか。〈三重〉

(8) [　　　　]

(9) 固体がとけて液体に変化するときの温度を何というか。〈和歌山〉

(9) [　　　　]

(10) 液体を熱して沸騰させ，出てくる蒸気を冷やして再び液体としてとり出すことを何というか。〈富山〉

(10) [　　　　]

基礎力確認テスト　　／50点

解答➡別冊解答 14 ページ

1 右の図のように，質量２kgの２つの物体を，ひもを用いて次の２つの方法でそれぞれ高さ３mまでゆっくり引き上げる。質量が100gの物体にはたらく重力の大きさを１Nとして，あとの問いに答えなさい。ただし，ひもの質量および物体と斜面との間の摩擦は考えないものとする。〈佐賀〉［10点×２］

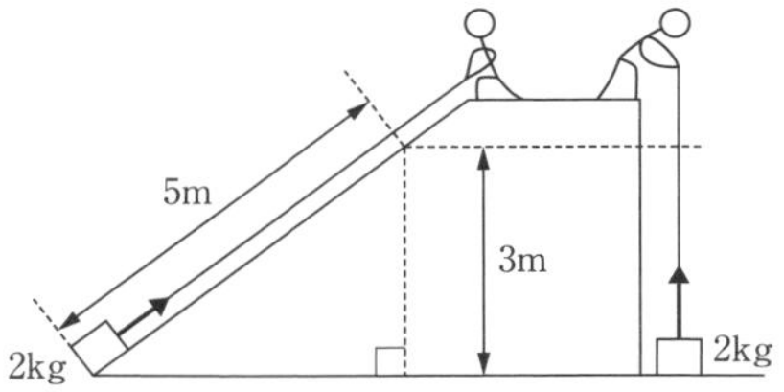

・物体を真上に引き上げる。　　・物体を斜面に沿って引き上げる。

(1) 物体を真上に３m引き上げるのに必要な仕事は何Jか。〔　　　　〕

(2) 物体を斜面に沿って５m引き上げるときの引く力の大きさは何Nか。〔　　　　〕

2 右の図は，３種類の物質A～Cについて100gの水にとける物質の質量と温度の関係を表している。〈兵庫〉［６点×５］

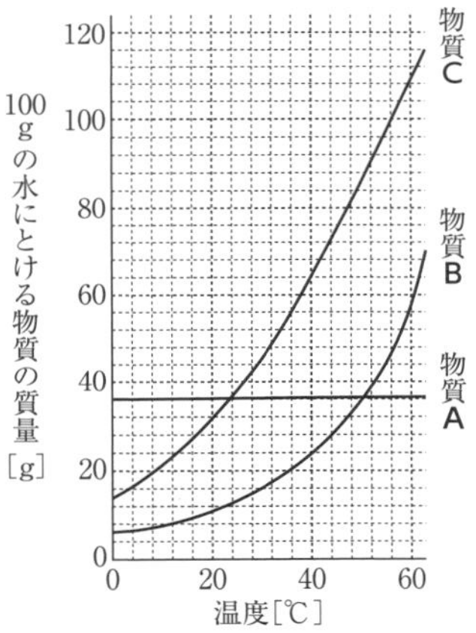

(1) 60℃の水150gが入ったビーカーを３つ用意し，物質A～Cをそれぞれ120g加えたところ，すべてとけることができる物質として適切なものを，A～Cから１つ選び，記号を書きなさい。〔　　　　〕

(2) 40℃の水150gが入ったビーカーを３つ用意し，物質A～Cをとけ残りがないようにそれぞれ加えて３種類の飽和水溶液をつくり，この飽和水溶液を20℃に冷やすと，すべてのビーカーで結晶が出てきた。出てきた結晶の質量が最も多いものと最も少ないものを，A～Cから１つずつ選び，記号を書きなさい。

最も多いもの〔　　　　〕　最も少ないもの〔　　　　〕

(3) 水150gを入れたビーカーを用意し，物質Cを180g加えてよくかき混ぜた。

① 物質Cをすべてとかすためにビーカーを加熱したあと，40℃まで冷やしたとき，結晶が出てきた。また，加熱により水10gが蒸発していた。このとき出てきた結晶の質量は何gと考えられるか。次のア～エから１つ選び，記号を書きなさい。〔　　　　〕

ア　60.4g　　**イ**　84.0g　　**ウ**　90.4g　　**エ**　140.0g

② ①のときの水溶液の質量パーセント濃度として最も適切なものを，次のア～エから１つ選び，記号を書きなさい。〔　　　　〕

ア　33%　　**イ**　39%　　**ウ**　60%　　**エ**　64%

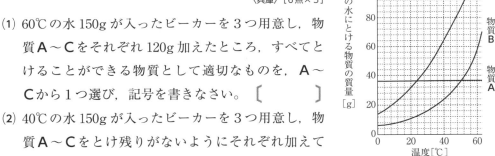

3 日目

化学変化と原子・分子／イオン

学習日　　月　　日

基礎問題

解答➡別冊解答 15 ページ

1 化学変化と原子・分子

(1) 1種類の物質が2種類以上の物質に分かれる化学変化の中で特に加熱によって起こる化学変化を何というか。〈三重〉

(2) 化学変化が起こるときに熱を放出し，まわりの温度が上がる反応は何とよばれるか。〈静岡〉

(3) 物質が熱や光を出しながら激しく酸化されることを何というか。〈栃木〉

(4) 酸化物がほかの物質によって酸素をうばわれる化学変化を何というか。〈福島〉

(5) 化学変化の前後で物質全体の質量は変わらないことを示す法則を何というか。〈滋賀〉

(1)〔　　〕
(2)〔　　〕
(3)〔　　〕
(4)〔　　〕
(5)〔　　〕

2 化学変化とイオン

(6) 次の文の□に入る語句を答えなさい。〈愛媛〉
電解質が，水にとけて陽イオンと陰イオンに分かれる現象を□という。

(7) 化学変化によって電気エネルギーをとり出すしくみをもつものを何というか。〈沖縄〉

(8) 水の電気分解と逆の化学変化を利用して，電気エネルギーを直接とり出す電池を何電池というか。〈和歌山〉

(9) 酸性の水溶液とアルカリ性の水溶液を混ぜ合わせると，たがいの性質を打ち消しあう。この化学変化を何というか。〈佐賀〉

(10) 酸とアルカリが反応したとき，酸の陰イオンとアルカリの陽イオンが結びつくことによってできる物質の総称を何というか。〈福島〉

(6)〔　　〕
(7)〔　　〕
(8)〔　　〕
(9)〔　　〕
(10)〔　　〕

基礎力確認テスト　　/50点　解答➲別冊解答 15 ページ

1 マグネシウムの燃焼を調べるために，次の実験を行った。〈大分〉［10 点×2］

[1] マグネシウムリボンを空気中で燃やすと，白い粉末ができた。

[2] 右の図のように，二酸化炭素で満たされた集気びんに，火のついたマグネシウムリボンを入れると，すべてよく燃えた。その後，集気びんの底を観察すると白い粉末と黒い粉末が残っていた。

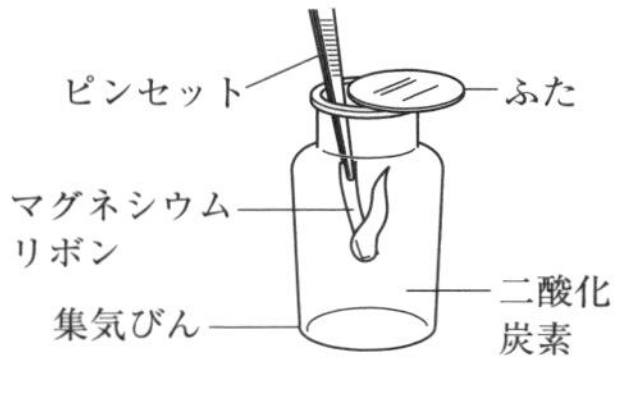

[3] [2]で，残っていた白い粉末は[1]でできた物質と同じであることがわかった。

(1) 次の化学反応式は，[2]の化学変化のようすを表したものである。（ a ），（ b ）にあてはまる化学式を書きなさい。ただし，（ a ）には白い粉末，（ b ）には黒い粉末の化学式が入る。（完答）

$$2Mg + CO_2 \longrightarrow 2(\ a\ ) + (\ b\ )$$

a［　　　　］ b［　　　　］

(2) [2]で，マグネシウムリボン 2.40g を燃やすと 4.00g の白い粉末ができた。このとき，できた黒い粉末の質量は何 g か。四捨五入して小数第 2 位まで求めなさい。ただし，二酸化炭素分子 100g に含まれる炭素原子は 27g，酸素原子は 73g とする。

［　　　　］

2 酸とアルカリの反応について調べるために次の実験を行った。〈兵庫・改〉［10 点×3］

〈実験〉ビーカー A～F にうすい塩酸を 50cm³ ずつ入れ，BTB 溶液をそれぞれ 2～3 滴加えた。その後，うすい水酸化ナトリウム水溶液を表に示した体積だけビーカー B～F に加えてよくかき混ぜたところビーカー D の水溶液は緑色になった。

ビーカー	A	B	C	D	E	F
塩酸の体積［cm^3］	50	50	50	50	50	50
水酸化ナトリウム水溶液の体積［cm^3］	0	10	20	30	40	50

(1) 実験後のビーカー A と F の水溶液の色をそれぞれ答えなさい。

A［　　　　］ F［　　　　］

(2) 実験後のビーカー A～F に含まれる，すべてのイオンの数を比較したグラフとして適切なものを，右のア～エから 1 つ選び，記号を書きなさい。［　　　］

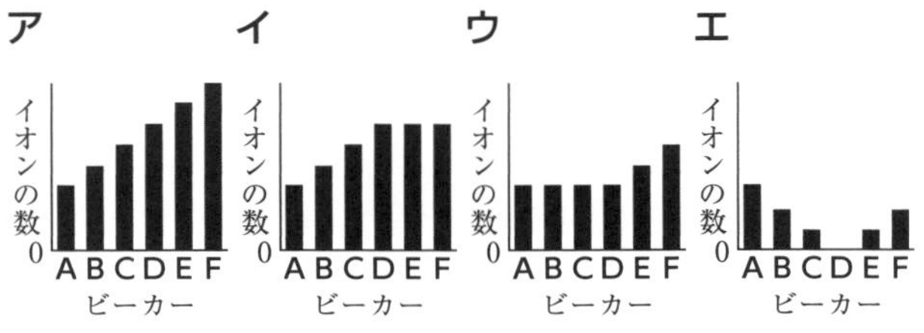

4日目 生物の世界／植物の生きるしくみ

学習日　　月　　日

基礎問題

解答 ➲ 別冊解答 15 ページ

1 生物の世界

(1) めしべの先端部分を何というか。〈栃木〉

(2) 胚珠が子房の中にある植物を何というか。〈鹿児島〉

(3) 被子植物の中で，葉脈が平行に通っているなかまは何とよばれるか。〈静岡〉

(4) 種子をつくらないスギゴケとイヌワラビは子孫をふやすために何をつくるか。〈長崎〉

(5) 背骨をもつ動物のなかまを何というか。〈山口〉

(6) 節足動物のからだをおおっているかたい殻のことを何というか。〈和歌山〉

(7) イカのからだには，内臓とそれを包みこむやわらかい膜がある。このやわらかい膜を何というか。〈茨城〉

2 植物の生きるしくみ

(8) 葉の細胞の中に見られる緑色の粒を何というか。〈岐阜〉

(9) １つの条件以外を同じにして行う実験を何というか。〈新潟〉

(10) 植物の茎の中にある，根から吸収された水が通る管を何というか。〈鳥取〉

(11) 維管束のうち，葉でつくられたデンプンが水にとけやすい物質に変わって通る部分の名称を書きなさい。〈山口〉

(12) 種子植物などの葉の表面に見られる，気体の出入り口を何というか。〈富山〉

(13) 植物が，おもに葉で光を受けて，デンプンなどをつくり出すはたらきを何というか。〈山口〉

(14) 植物のからだから水が水蒸気になって出ていくことを何というか。〈宮崎〉

(15) 次の文の□に入る語句を答えなさい。〈鳥取〉

光合成は葉の内部の細胞の中にある□で行われる。

(1)〔　　〕
(2)〔　　〕
(3)〔　　〕
(4)〔　　〕
(5)〔　　〕
(6)〔　　〕
(7)〔　　〕
(8)〔　　〕
(9)〔　　〕
(10)〔　　〕
(11)〔　　〕
(12)〔　　〕
(13)〔　　〕
(14)〔　　〕
(15)〔　　〕

基礎力確認テスト　／50点　解答➡別冊解答 15 ページ

1 観察器具の使い方について，次の問いに答えなさい。［10点×2］

(1) 葉を外して葉脈のようすを観察するときのルーペの使い方として適切なものを，次の**ア**～**エ**から１つ選び，記号を書きなさい。〈大分〉　〔　　　〕

ア　ルーペを目に近づけて持ち，葉のみを前後に動かす。

イ　ルーペを目から遠ざけて持ち，葉のみを前後に動かす。

ウ　葉とルーペを両方動かす。

エ　葉は動かさず，ルーペを前後に動かす。

(2) 顕微鏡の使い方について述べた文として適切なものを，次の**ア**～**エ**から１つ選び，記号を書きなさい。〈福島〉　〔　　　〕

ア　観察するときには，顕微鏡を直射日光の当たる明るいところに置く。

イ　観察したいものをさがすときは，視野のせまい高倍率の対物レンズを使う。

ウ　視野の右上にある細胞を視野の中央に移動させるときには，プレパラートを右上方向に移動させる。

エ　ピントを合わせるときには，接眼レンズをのぞきながらプレパラートと対物レンズを近づけていく。

2 たかしさんは，植物の蒸散について調べる実験を行った。まず，葉の枚数や大きさ，茎の太さや長さがそろっている同じ植物の枝を３本準備した。次に，右の図のように，葉に A ～ C に示す処理をした枝をそれぞれ同じ量の水が入ったメスシリンダーにさし，水面を油でおおった。その後，風通しのよい場所に置き，２時間後にそれぞれの水の減少量を調べた。表は，その結果である。ただし，水の減少量は，蒸散量と等しいものとする。また，ワセリンをぬったところでは，蒸散は行われないものとし，気孔１個あたりの蒸散量はすべて等しいものとする。〈鹿児島〉［10点×3］

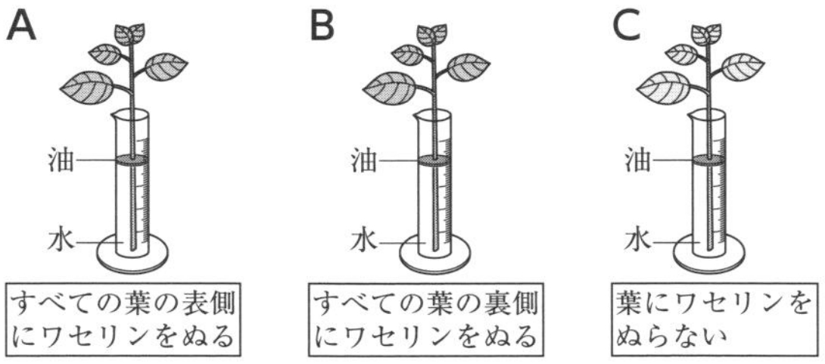

	水の減少量［cm^3］
A	5.2
B	2.1
C	6.9

(1) この実験で，水面を油でおおったのはなぜか。

〔　　　　　　　　〕

(2) 表の A と B の結果から，この植物の葉のつくりについて考えられることを書きなさい。〔　　　　　　　　〕

(3) C の水の減少量のうち，すべての葉の表側と裏側からの蒸散量の合計は何 cm^3 か。

〔　　　〕

5 日目 動物の生きるしくみ／生命の連続性

学習日　　月　　日

基礎問題

解答➡別冊解答 16 ページ

1 動物の生きるしくみ

(1) だ液中の消化酵素を何というか。〈和歌山〉

(2) 酸素と結びついたり，酸素をはなしたりする性質があるヘモグロビンを含む血液の成分は何か。〈新潟〉

(3) 血液中の血しょうの一部が毛細血管からしみ出し，細胞のまわりを満たす液体を何というか。〈栃木〉

(4) 目や耳などのように，外界からの刺激を受けとる器官を何というか。〈鳥取〉

(5) 神経系の中で，命令や判断などをになっている脳やせきずいからなる部分を何というか。〈長崎〉

(6) 刺激を受けて，意識とは無関係に起こる反応を何というか。〈岐阜〉

2 生命の連続性

(7) 受精卵が分裂をくり返して親と同じような形へ成長する過程を何というか。〈茨城〉

(8) 有性生殖において，生殖細胞ができるときに行われる特別な細胞分裂を何というか。〈鹿児島〉

(9) 対立形質をもつ純系の親どうしをかけ合わせたときに，子に現れる形質を何というか。〈三重〉

(10) ある１つの形質に関して対になっている遺伝子が減数分裂によって分かれ，それぞれ別の生殖細胞に入ることを何の法則というか。〈京都〉

(11) 遺伝子の本体である物質を何というか。〈富山〉

(12) 現在の見かけの形やはたらきは異なっていても，基本的なつくりは同じで，もとは同じものであったと考えられる器官を何というか。〈愛知〉

(13) 生物の食べる・食べられるの関係のつながりを何というか。〈滋賀〉

(1)［　　］
(2)［　　］
(3)［　　］
(4)［　　］
(5)［　　］
(6)［　　］
(7)［　　］
(8)［　　］
(9)［　　］
(10)［　　］
(11)［　　］
(12)［　　］
(13)［　　］

基礎力確認テスト　　／50点　解答➡別冊解答 16 ページ

1 ヒトの消化や吸収に関して，あとの問いに答えなさい。〈新潟〉［6点×3］

(1) 胃液に含まれる消化酵素のペプシンが分解する物質として適切なものを，次の**ア**～**エ**から1つ選び，記号を書きなさい。〔　　　〕

ア　タンパク質　**イ**　デンプン　**ウ**　脂肪　**エ**　ブドウ糖

(2) 小腸の内側の表面には柔毛とよばれる突起がある。

① 小腸の柔毛で吸収されたアミノ酸が最初に運ばれる器官として最も適切なものを，次の**ア**～**オ**から1つ選び，記号を書きなさい。〔　　　〕

ア　胃　**イ**　じん臓　**ウ**　肝臓　**エ**　すい臓　**オ**　大腸

② 脂肪が分解されてできた脂肪酸とモノグリセリドは，小腸の柔毛で吸収されたあとに，どのように変化し，どのように全身の細胞に運ばれていくか。「リンパ管」，「血管」という語句を用いて書きなさい。

〔　　　　　　　　　　　　　　　　　　　　〕

2 メンデルはエンドウの種子の形などの形質に注目して，形質が異なる純系の親をかけ合わせ，子の形質を調べた。さらに，子を自家受粉させて，孫の形質の現れ方を調べた。表は，メンデルが行った実験の結果の一部である。〈富山〉［8点×4］

形質	親の形質の組み合わせ	子の形質	孫に現れた個体数	
種子の形	丸形×しわ形	すべて丸形	丸形 5474	しわ形 1850
子葉の色	黄色×緑色	すべて黄色	黄色 （ X ）	緑色 2001
草たけ	高い×低い	すべて高い	高い 787	低い 277

(1) 種子の形を決める遺伝子を，丸形は A，しわ形は a と表すことにすると，丸形の純系のエンドウがつくる生殖細胞にある，種子の形を決める遺伝子はどう表されるか。〔　　　　　〕

(2) 表の（ X ）にあてはまる個体数はおよそどれだけか。次の**ア**～**エ**から1つ選び，記号を書きなさい。なお，子葉の色についても，表のほかの形質と同じ規則性で遺伝するものとする。〔　　　〕

ア　1000　**イ**　2000　**ウ**　4000　**エ**　6000

(3) 草たけを決める遺伝子の組み合わせのわからないエンドウの個体 **Y** がある。この個体 **Y** に草たけが低いエンドウの個体 **Z** をかけ合わせたところ，草たけが高い個体と，低い個体がほぼ同数できた。個体 **Y** と個体 **Z** の草たけを決める遺伝子の組み合わせを，それぞれ答えなさい。ただし，草たけを高くする遺伝子を B，低くする遺伝子を b とする。

個体 **Y**〔　　　〕　個体 **Z**〔　　　〕

6 日目

大地の変化／気象観測・雲のでき方

学習日　　月　　日

基礎問題

解答➡別冊解答 16 ページ

1 大地の変化

(1) 斑状組織において，比較的大きな鉱物をほかの部分に対して何というか。〈山口〉

(2) 火山岩で，大きな結晶のまわりをうめる細かい粒などでできた部分を何というか。〈鳥取〉

(3) はんれい岩のように同じくらいの大きさの鉱物が組み合わさったつくりが見られる岩石を何というか。〈兵庫〉

(4) 地震の規模を数値で表したものを何というか。〈栃木〉

(5) 地震のS波によるゆれを何というか。〈富山〉

(6) くり返し活動した証拠があり，今後も活動して地震を起こす可能性がある断層を何というか。〈鳥取〉

(7) 長い年月のうちに，岩石が気温の変化や風雨にさらされてもろくなることを何というか。〈和歌山〉

(8) 堆積した当時の環境を推定できる化石を何というか。〈岐阜〉

(9) れき，砂，泥のうち，河口から最も離れた海底に堆積するものはどれか。〈茨城〉

(10) 遠く離れた地層が同時代にできたことを調べる際のよい目印になる地層を何というか。〈茨城〉

(1)〔　　〕
(2)〔　　〕
(3)〔　　〕
(4)〔　　〕
(5)〔　　〕
(6)〔　　〕
(7)〔　　〕
(8)〔　　〕
(9)〔　　〕
(10)〔　　〕

2 気象観測・雲のでき方

(11) 空気中の水蒸気が水滴に変わり始めるときの温度を何というか。〈三重〉

(12) 次の文の□に入る語句を答えなさい。〈長崎〉

空気のかたまりが上昇すると，上空にいくほど周囲の気圧が［A］なるので，上昇した空気の体積が［B］なり，その気温が［C］。

(13) 気温や湿度などの性質が一様で大規模な大気のかたまりを何というか。〈宮崎・改〉

(11)〔　　〕
(12) A〔　　〕
B〔　　〕
C〔　　〕
(13)〔　　〕

基礎力確認テスト　　/50点

解答➲別冊解答 16 ページ

1 右の図は，ある地震が発生した時刻からの，地点 A，B における地震計の記録を表したものである。この地震の震源からの距離は，地点 A は 96km，地点 B は 120km である。図に示した①，②は地点 A，B で初期微動が始まった時刻を，③，④は地点 A，B で主要動が始まった時刻をそれぞれ示しており，右の表は，図に示した①～④の時刻を表している。なお，この地震の P 波，S 波はそれぞれ一定の速さで伝わるものとする。〈鳥取〉［9点×2］

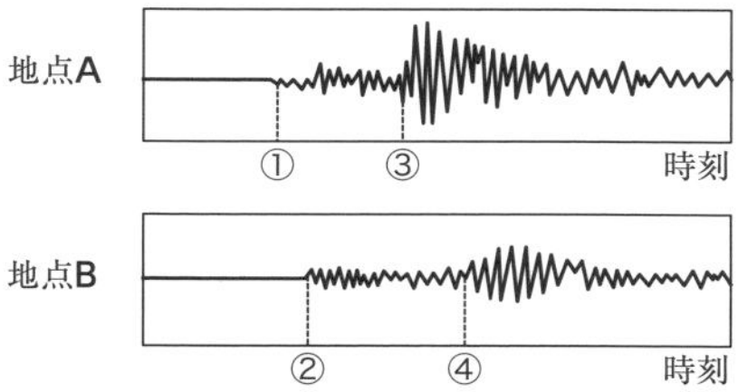

①	15 時 23 分 01 秒
②	15 時 23 分 05 秒
③	15 時 23 分 17 秒
④	15 時 23 分 25 秒

(1) この地震が発生した時刻を答えなさい。

〔　　　　　　　　〕

(2) 図に示された地震において，震源から 12km の距離にある地震計で P 波を感知し，その 5 秒後に緊急地震速報（警報）が発表された。緊急地震速報（警報）が発表されてから 10 秒後に S 波が到着するのは，震源から何 km の地点か。なお，緊急地震速報（警報）は瞬時に各地域に伝わるものとする。

〔　　　　　　　　〕

2 次の文は，気象観測を行った生徒の会話である。〈長崎〉［8点×4］

生徒 A：雲量と降水の有無から，天気は（　①　）である。

生徒 B：温度計を見ると，気温は 24.0℃だよ。そして，乾湿計は，乾球が 24.0℃，湿球が 21.0℃を示しているよ。湿度表によると，湿度は 75％だね。

生徒 A：アネロイド気圧計を見ると，針は 1010hPa をさしているね。

生徒 B：風向計で測ると，風向は（　②　）だよ。

生徒 A：風力階級表を見てみよう。風で木の葉が少しゆれているし，顔に風を感じるよ。だから，風力は（　③　）だね。

(1) 右の図は，生徒が記録した天気図の記号である。図から判断して，会話文中の（　①　）～（　③　）に適する語句または数値を入れ，会話文を完成させなさい。

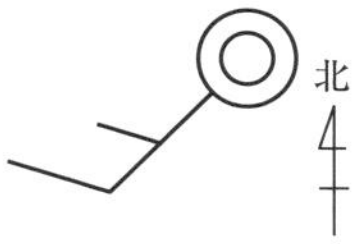

①〔　　　　〕　②〔　　　　〕　③〔　　　　〕

(2) 下の表はそれぞれの気温に対する飽和水蒸気量を表している。生徒が観測を行ったときの露点は何℃か。整数で書きなさい。〔　　　　〕

気温［℃］	17	18	19	20	21	22	23	24
飽和水蒸気量［g/m^3］	14.5	15.4	16.3	17.3	18.3	19.4	20.6	21.8

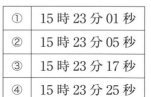

7日目 前線・日本の天気／地球と宇宙

学習日　　月　　日

基礎問題

解答➡別冊解答 17 ページ

1 前線・日本の天気

(1) 次の文の[　　]に入る語句を答えなさい。〈愛知・改〉

[A]前線では，暖気が寒気の上にはい上がるように進んでいく。これに対して，[B]前線では，寒気が暖気を押し上げるように進んでいく。

(2) 日本付近の上空では，大気は西から東へ向かって動いている。この西から東へ地球を1周する大気の動きを何というか。〈和歌山〉

(3) 次の文の[　　]に入る語句を答えなさい。〈沖縄〉

シベリア気団が発達し[　　]の気圧配置になることで，日本へ季節風がふく。

2 地球と宇宙

(4) 太陽は，東の地平線からのぼって，南の空を通り，西の地平線に沈む。このような太陽の1日の見かけの動きを何というか。〈岩手〉

(5) 天球上の太陽の通り道を何というか。〈山形〉

(6) 次の文の[　　]に入る語句を答えなさい。〈愛媛・改〉

地球から見た太陽は，星座の位置を基準とすると，1年かけて星座の間を[A]から[B]へ移動してもとの位置にもどっているように見える。

(7) 月が地球のまわりを動くように，天体がほかの天体のまわりを動いていることを何というか。〈長崎〉

(8) 太陽のように，自ら光を出して輝いている天体を何というか。〈滋賀〉

(9) 金星や木星は，恒星のまわりを回っていて，自ら光を出さず，ある程度の質量と大きさをもった天体である。このような天体を何というか。〈福島〉

(1) A〔　　　　〕
B〔　　　　〕

(2)〔　　　　〕

(3)〔　　　　〕

(4)〔　　　　〕

(5)〔　　　　〕

(6) A〔　　　　〕
B〔　　　　〕

(7)〔　　　　〕

(8)〔　　　　〕

(9)〔　　　　〕

基礎力確認テスト　／50点　解答➲別冊解答 17 ページ

1 **図1**は，ある年の３月 10 日３時における天気図である。**図2**は，**図1**の上越市《じょうえつし》における３月 10 日の１時から 15 時までの気温と湿度の変化を示したものである。

〈静岡〉［8点×4］

(1) **図1**と**図2**から，この日の８時頃に上越市を前線が通過し始めたことがわかる。右の**ア**～**エ**から，上越市における，８時頃に通過し始めた前線と，12 時の天気の組み合わせとして，最も適切なものを１つ選び，記号を書きなさい。また，そのように判断した理由として，**図2**から読みとれることを，前線と天気について簡単に書きなさい。

	前線	天気
ア	温暖	晴れ
イ	温暖	雨
ウ	寒冷	晴れ
エ	寒冷	雨

図1

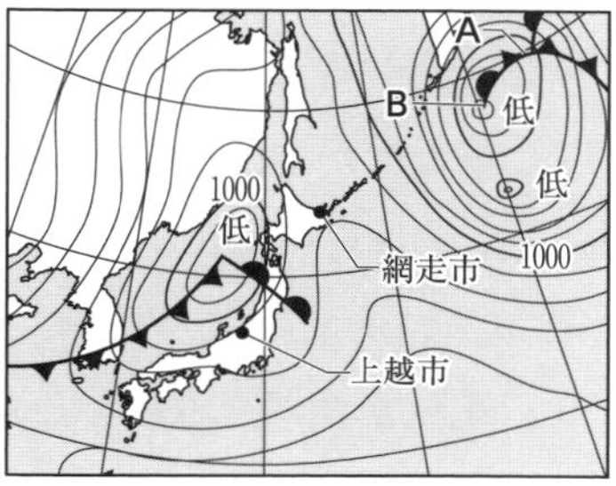

図2

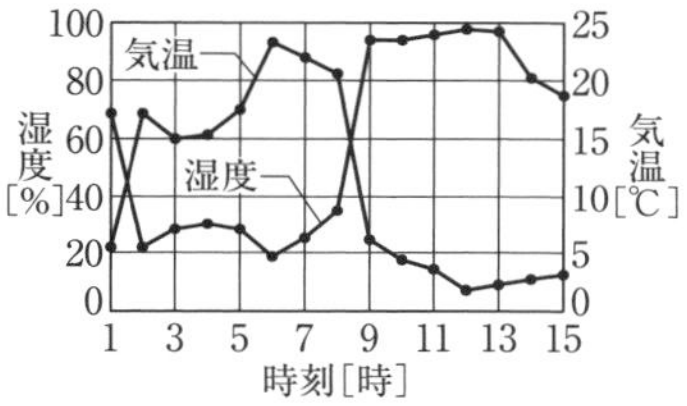

記号［　　　］

前線［　　　　　　　　　　］

天気［　　　　　　　　　　］

(2) **図1**の**A**から**B**にのびた前線は，閉そく前線である。閉そく前線ができると温帯低気圧は衰退していくことが多い。閉そく前線ができると温帯低気圧が衰退していくのはなぜか。その理由を，「寒気」「上昇気流」という２つのことばを用いて，簡単に書きなさい。

［　　　　　　　　　　　　　　　　　　　　］

2 右の図は，太陽のまわりを公転する地球と，黄道付近に観察される一部の星座の位置関係を表したものである。地球が**X**の位置にあるとき，この日は，日本では１年のうちで昼の長さが最も長く，太陽の南中高度が最も高い。

〈山梨〉［9点×2］

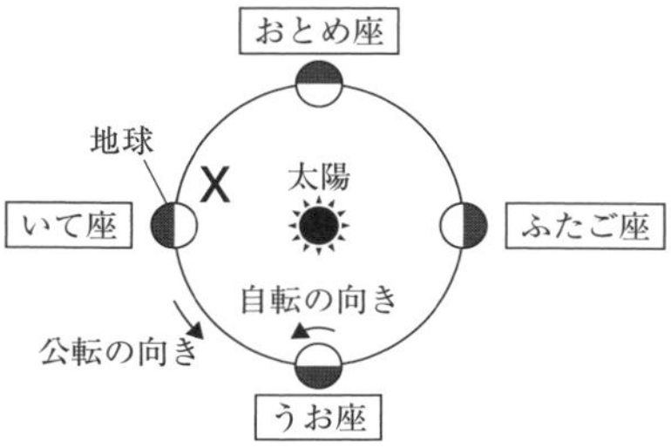

(1) 地球が**X**の位置にあるとき，この日を何というか。

［　　　　］

(2) 日本の多くの地域で，春分の頃，夕方の南の空に見られる星座は何であると考えられるか。次の**ア**～**エ**から最も適切なものを１つ選び，記号を書きなさい。

［　　］

ア　いて座　　**イ**　おとめ座　　**ウ**　うお座　　**エ**　ふたご座

第1回　理科の総復習テスト

時間……30分　　解答➲別冊解答18ページ

得点　　／100点

1 右の図のように，Yさんの乗った船が岸壁から遠く離れた位置で，岸壁に船首を向けて静止していたところ，稲光が見え，雷鳴が聞こえた。雷は，雲にたまった静電気が空気中を一気に流れるときに，音と光が発生する自然現象である。〈静岡〉［8点×3］

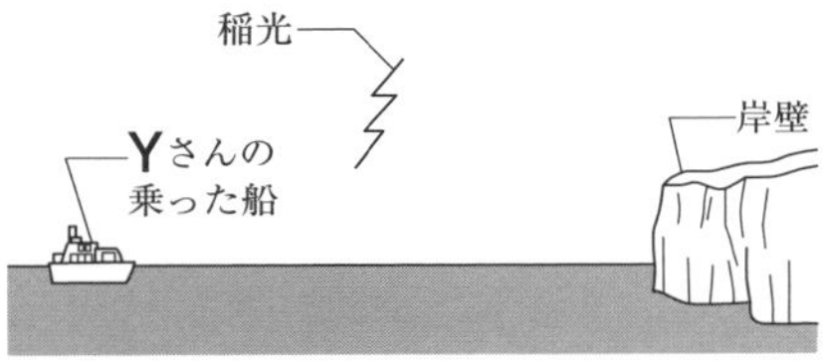

(1) 静電気に関する次の問いに答えなさい。

① 電気が空間を移動する現象は，一般に何とよばれるか。

② 次の**ア**～**エ**の中から，気圧を低くした空間に大きな電圧を加えると，空間に電流が流れるという現象を利用している照明器具を1つ選び，記号を書きなさい。

ア　豆電球　　**イ**　蛍光灯　　**ウ**　LED照明　　**エ**　白熱電球

(2) Yさんの乗った船が10m/sの速さで岸壁に向かって進みながら，汽笛を鳴らした。この汽笛の音は，岸壁ではね返り，汽笛を鳴らし始めてから5秒後に船に届いた。音の速さを340m/sとすると，船が汽笛を鳴らし始めたときの，船と岸壁との距離は何mか。ただし，汽笛を鳴らし始めてから汽笛の音が届くまで，船は一定の速さで進んでおり，音の速さは変わらないものとする。

2 塩化銅($CuCl_2$)について，次の問いに答えなさい。〈佐賀〉［8点×3］

(1) 次の文中の(　A　)，(　B　)にあてはまることばの組み合わせとして最も適切なものを，右の**ア**～**エ**から1つ選び，記号を書きなさい。

原子は＋の電気をもつ陽子と，－の電気をもつ電子と，電気をもたない中性子からできており，陽子1個と電子1個がもつ電気の量は同じである。原子の中では，陽子の数と電子の数が等しいため，原子全体では電気をもたない。塩化銅を構成する銅イオンは，銅原子が電子を2個(　A　)できる(　B　)イオンである。

	A	B
ア	受けとって	陽
イ	受けとって	陰
ウ	失って	陽
エ	失って	陰

(2) 塩化銅が水にとけて電離するようすを，イオンを表す化学式を使って表しなさい。

(3) 銅原子1個のもつ陽子の数は29個，塩素原子1個のもつ陽子の数は17個である。塩化銅を構成する銅イオン1個のもつ電子の数と塩化物イオン1個のもつ電子の数の差は何個か。

1	(1)	①		②		(2)	
2	(1)		(2)		(3)		

3 右の図は，生態系における炭素の循環を模式的に表したものである。図中の ➡ は有機物の流れを，また，⇨ は無機物の流れを表している。〈新潟〉［8点×3］

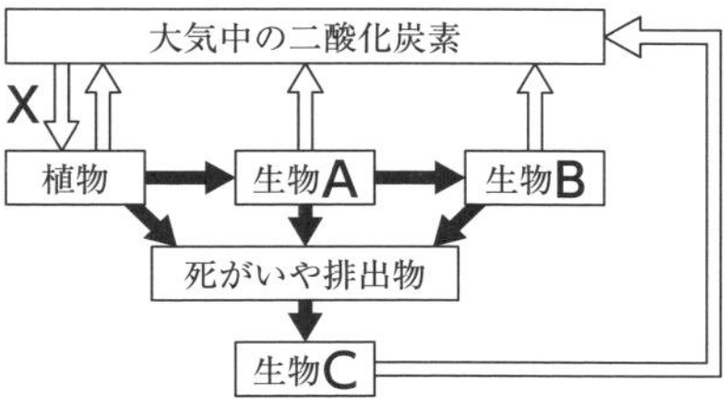

(1) 図中の X で示される流れは，植物の何というはたらきによるものか。

(2) 生態系において，生物 A や生物 B を消費者，生物 C を分解者というのに対し，植物を何というか。

(3) 何らかの原因で，生物 A の数量が急激に減少すると，植物や生物 B の数量はその後，一時的にどのようになるか。次のア～エから１つ選び，記号を書きなさい。

ア 植物は増加し，生物 B は減少する。　**イ** 植物は増加し，生物 B も増加する。
ウ 植物は減少し，生物 B も減少する。　**エ** 植物は減少し，生物 B は増加する。

4 図１の地図に示した A～D の４地点でボーリング調査を行った。図２は，A，B，D 地点で採取したボーリング試料を使って作成した柱状図である。この地域では，断層や地層の曲がりは見られず，地層は，南西の方向が低くなるように一定の角度で傾いている。また，各地点で見られる火山灰の層は同一のものである。なお，地図上で A～D の各地点を結んだ図形は正方形で，B 地点から見た A 地点は真北の方向にある。〈富山・改〉［7点×4］

図１

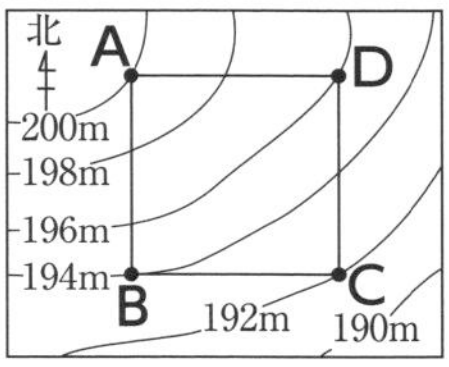

図２

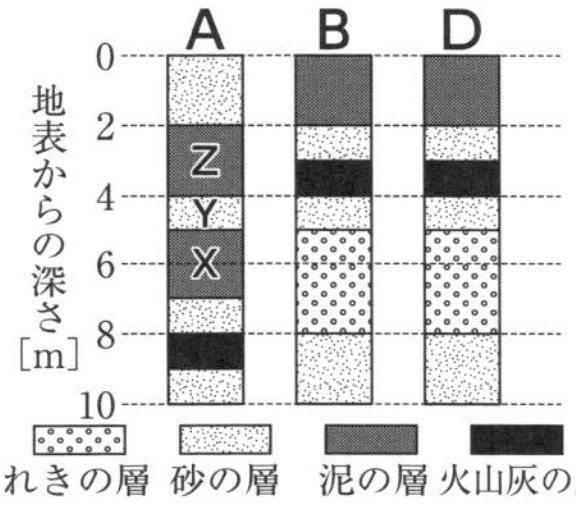

(1) 図２の Y の層からビカリアの化石が見つかった。この地層が堆積した年代はいつ頃と考えられるか。

(2) (1)のように地層の堆積した年代を知ることができる化石を何というか。

(3) X，Y，Z の層が堆積する間，堆積場所の大地はどのように変化したと考えられるか。次のア～エから最も適切なものを１つ選び，記号を書きなさい。ただし，この間，海水面の高さは変わらなかったものとする。

ア 隆起し続けた。　**イ** 沈降し続けた。
ウ 隆起してから沈降した。　**エ** 沈降してから隆起した。

(4) C 地点でボーリング調査をすると，火山灰の層はどこにあるか。火山灰の層を，右に黒くぬりつぶして示しなさい。

3	(1)		(2)		(3)		
4	(1)		(2)		(3)		(4) 図に記入

第2回　理科の総復習テスト

時間……30分

解答➲別冊解答 19 ページ

得点　／100点

1 記録タイマーに通したテープを台車につけ，台車の運動を調べたところ，テープには右の図のような打点が記録された。打点Pが打たれてから打点Qが打たれるまでの台車の運動について，次の問いに答えなさい。ただし，1秒間に60打点する記録タイマーを使った。〈佐賀〉［6点×2］

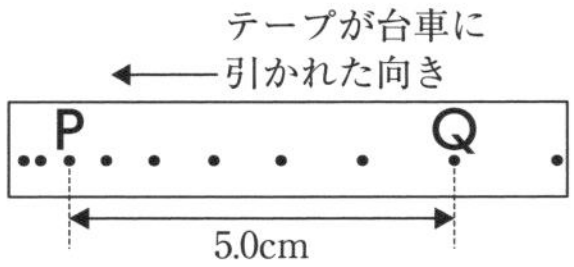

(1) この間の台車の運動のようすとして最も適切なものを，次の**ア**～**エ**から1つ選び，記号を書きなさい。

ア　しだいに速くなった。　　**イ**　一定の速さであった。

ウ　しだいに遅くなった。　　**エ**　途中まで速くなり，そのあと遅くなった。

(2) この間の台車の平均の速さは何 cm/s か。

2 右の図のような装置をつくり，枝つきフラスコにエタノールの濃度が10%の赤ワイン $30cm^3$ と沸騰石を入れ，弱火で熱し，出てきた液体を約 $2cm^3$ ずつ試験管 A，B，C の順に集めた。次に，A～C の液体をそれぞれ蒸発皿に移し，マッチの火をつけると，A，B の液体は燃えたが，C の液体は燃えなかった。〈岐阜〉［8点×4］

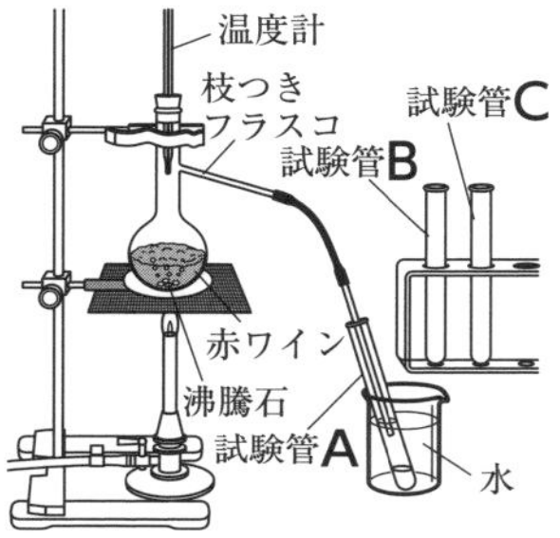

(1) 温度計の球部を，枝つきフラスコのつけ根の高さにした理由を簡潔に説明しなさい。

(2) A，C の液体の密度の説明として最も適切なものを，次の**ア**～**ウ**から1つ選び，記号を書きなさい。ただし，エタノールの密度を $0.79g/cm^3$，水の密度を $1.0g/cm^3$ とする。

ア　A の液体より C の液体のほうが密度は大きい。

イ　A の液体より C の液体のほうが密度は小さい。

ウ　A の液体と C の液体の密度は同じである。

(3) 実験で，エタノール（C_2H_6O）が燃えたときの化学変化を化学反応式で表すと，次のようになる。それぞれの［　　］にあてはまる整数を書き，化学反応式を完成させなさい。ただし，同じ数字とは限らない。

C_2H_6O　＋　$3O_2$　⟶　［ ① ］CO_2　＋　［ ② ］H_2O

エタノール　　酸素　　　二酸化炭素　　　　水

1	(1)		(2)				
2	(1)						
	(2)		(3)	①		②	

3 被子植物は子葉の数から単子葉類と双子葉類に分類することができる。〈新潟〉［8点×2］

(1) 次の文中の（ X ），（ Y ）にあてはまることばの組み合わせとして，最も適切なものを，下の**ア**～**エ**から1つ選び，記号を書きなさい。

単子葉類の葉脈は（ X ）に通り，根は（ Y ）からなる。

ア X：網目状　Y：主根と側根　　**イ** X：網目状　Y：たくさんのひげ根

ウ X：平行　Y：主根と側根　　**エ** X：平行　Y：たくさんのひげ根

(2) 双子葉類に分類される植物として，最も適切なものを，次の**ア**～**オ**から1つ選び，記号を書きなさい。

ア トウモロコシ　　**イ** ツユクサ　　**ウ** マツ

エ ゼンマイ　　**オ** アブラナ

4 ある日の明け方，真南に半月が見え，東の空に金星が見えた。〈富山〉［8点×5］

(1) 金星は朝夕の限られた時間にしか観察することができない。その理由を簡単に書きなさい。

(2) 右の図は，静止させた状態の地球の北極の上方から見た，太陽，金星，地球，月の位置関係を示したモデル図である。金星，地球，月は太陽の光が当たっている部分（白色）と影の部分（黒色）をぬり分けている。この日の月と金星の位置関係はどこと考えられるか。月の位置はA～H，金星の位置はa～cから1つずつ選び，記号を書きなさい。

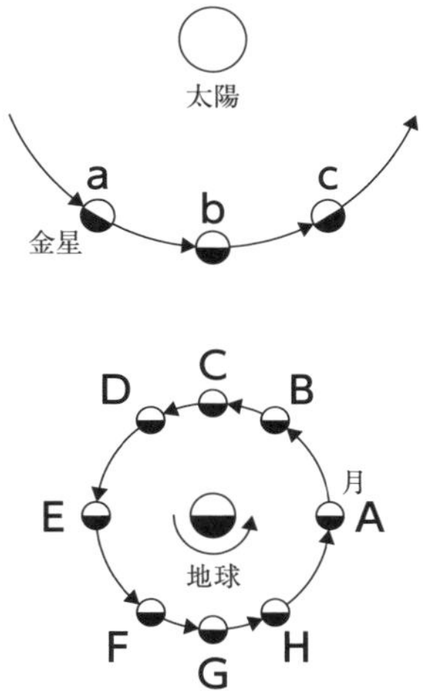

(3) この日のちょうど1年後に，同じ場所で金星を観察すると，いつ頃，どの方角の空に見えるか。次の**ア**～**エ**から1つ選び，記号を書きなさい。ただし，地球の公転周期は1年，金星の公転周期は0.62年とする。

ア 明け方，東の空に見える。　　**イ** 明け方，西の空に見える。

ウ 夕方，東の空に見える。　　**エ** 夕方，西の空に見える。

(4) 図において，月食が起こるときの月の位置はどこになるか。A～Hから1つ選び，記号を書きなさい。

3	(1)		(2)					
4	(1)							
	(2)	月		金星		(3)		(4)	

1 日目

世界と日本の地域構成／世界の様々な地域

世界の姿，日本の姿，世界の人々の生活と環境，世界の諸地域

学習日　　月　　日

基礎問題

解答➲別冊解答 20 ページ

1 世界の姿，日本の姿

(1) 六大陸のうち，最も面積が広いのは〔　　〕である。

(2) 三大洋のうち，最も面積が広いのは〔　　〕である。

(3) 0度の緯線《いせん》のことを特に〔　　〕という。〈京都〉

(4) 沿岸から 200 海里(約 370km)以内で，領海の外側の水域を〔　　〕といい，沿岸国が水域内の資源を独占的に調査したり開発したりすることが認められている。〈岐阜〉

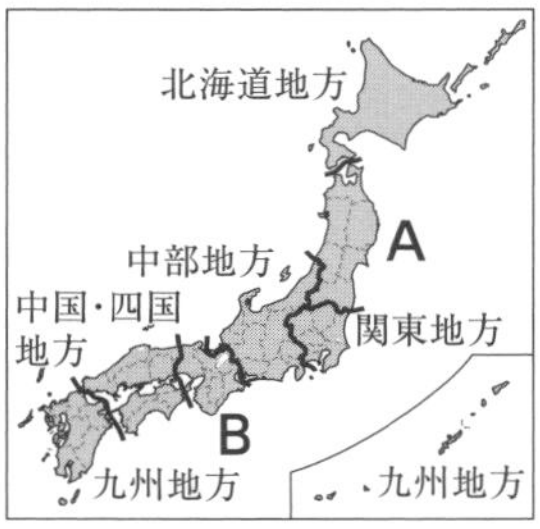

(5) 右の地図のA・Bの地方名をそれぞれ何というか。

2 世界の人々の生活と環境

(6) 1年じゅう気温が高く，年間降水量が多い気候帯を何というか。

(7) 樹木を切り払って焼き，灰を肥料にして作物をつくる農業を何というか。〈山口〉

(8) 〔　　〕教の信者は1日に5回，聖地メッカの方向に向かって礼拝する。〈栃木〉

3 世界の諸地域

(9) 中国は，外国企業《きぎょう》を受け入れるために，沿岸の5地域に〔　　〕を設けた。〈山口〉

(10) ＥＵ〔ヨーロッパ連合〕の共通通貨を何というか。〈福島〉

(11) アフリカではコバルトなどの〔　　〕とよばれる鉱産資源の産出がさかんである。〈和歌山〉

(12) アメリカ合衆国の北緯 37 度以南の工業地域を何というか。〈岩手〉

(13) ブラジルは，さとうきびを原料とする〔　　〕という燃料の生産がさかんである。〈佐賀〉

(14) オーストラリアの先住民は〔　　〕である。〈山口〉

(1)〔　　〕
(2)〔　　〕
(3)〔　　〕
(4)〔　　〕
(5) A〔　　〕
B〔　　〕
(6)〔　　〕
(7)〔　　〕
(8)〔　　〕
(9)〔　　〕
(10)〔　　〕
(11)〔　　〕
(12)〔　　〕
(13)〔　　〕
(14)〔　　〕

基礎力確認テスト　　／50点　　解答➡別冊解答 20 ページ

1 右の地図を見て，次の各問いに答えなさい。〈長崎〉［10 点× 5］

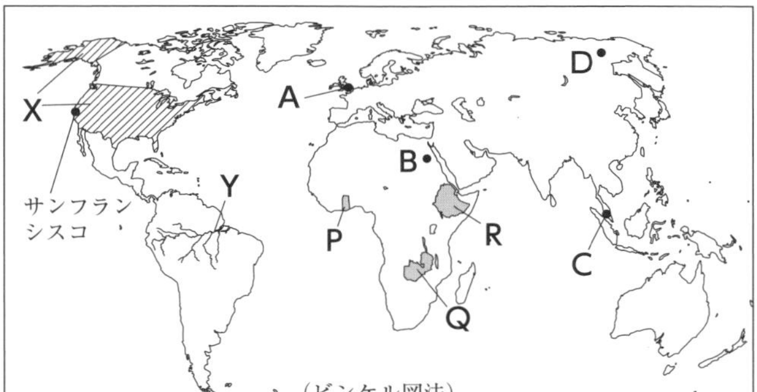

（ビンケル図法）

⑴ 地図の**X**国には，メキシコや西インド諸島などから移住し，スペイン語を日常的に話す人々がいる。この人々を何というか。

〔　　　　　　〕

⑵ 次の文は地図の**Y**で示した河川の流域について説明したものである。この河川名を書きなさい。

〔　　　　　　〕

この河川の流域では，道路の建設や農地，牧場の開発などが進められている一方，これらの開発が，森林伐採《ばっさい》などの環境《かんきょう》破《は》壊《かい》を引き起こしている。

⑶ **表 1** の**ア**～**エ**は，地図の**A**～**D**のいずれかの都市における，年平均気温と月別降水量の最も多い月および最も少ない月の値を示している。**C**の都市を示すデータを，**表 1** の**ア**～**エ**から 1 つ選び，記号を書きなさい。

表 1

	年平均気温（℃）	月別降水量（mm）	
		最も多い月	最も少ない月
ア	27.3	333.5	139.7
イ	26.7	0.8	0.0
ウ	11.8	72.4	41.9
エ	− 15.5	43.4	4.9

（「理科年表 2021」）

〔　　　〕

⑷ 日本時間の 1 月 6 日午後 1 時に，日本に住む久子さんはサンフランシスコに留学した修二さんに電話をした。この時のサンフランシスコの日付と時間帯の組み合わせとして，最も適切なものを，次の**ア**～**エ**から 1 つ選び，記号を書きなさい。ただし，サンフランシスコの標準時は西経 120 度を基準とする。

ア　1 月 5 日の朝　　**イ**　1 月 7 日の朝

ウ　1 月 5 日の夜　　**エ**　1 月 7 日の夜　　〔　　　〕

⑸ **表 2** は，地図の**P**～**R**国のおもな輸出品目を示したものである。これらの国々では，特定の農産物の生産や鉱産資源の産出およびこれらの輸出によって，経済を成り立たせている。このような経済を何というか。　〔　　　　　　〕

表 2

	おもな輸出品目
P国	金（35.6％），原油（30.4％），カカオ豆（14.3％）
Q国	銅（75.2％），無機化合物（2.2％），印刷物（2.1％）
R国	コーヒー豆（24.3％），野菜・果実（19.0％），ごま（18.2％）

（注）（　）内の数値は，それぞれの国の輸出総額に占める割合を示している。
（2018 年）（2020/21 年版「世界国勢図会」）

2 日目

日本の様々な地域

地域調査の手法，日本の地域的特色と地域区分，日本の諸地域

学習日　　月　　日

基礎問題

解答 ➲ 別冊解答 20 ページ

1 地域調査の手法

(1) 野外観察(調査)のことをカタカナで何というか。

(2) ∴ ∴ ∴ の地図記号が示す土地利用は何か。〈京都〉

2 日本の地域的特色と地域区分

(3) 中部地方の高くけわしい3つの山脈をまとめて何というか。〈和歌山〉

(4) 川が山間部から平野や盆地に出たところに土砂《どしゃ》がたまってつくられた，水はけがよい地形を何というか。〈埼玉〉

(5) 右の地図中のAの海流を何というか。〈長崎〉

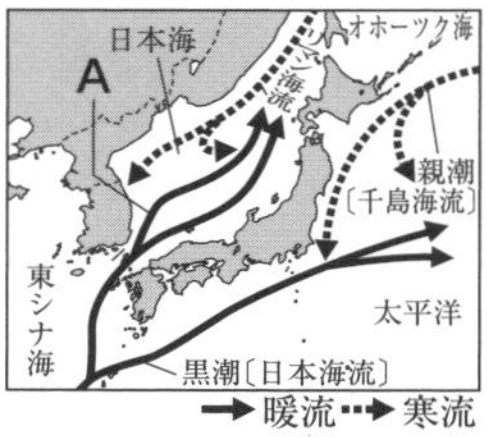

(6) 自然災害による被害をできるだけ少なくするため，地域の危険度を住民にあらかじめ知らせるためにつくられる地図を何というか。〈静岡〉

(7) 太陽光や風力など，なくなるおそれのないエネルギーのことを何というか。

(8) 温暖な気候などを生かして野菜や果実などの出荷時期を早める栽培方法を何というか。〈岐阜〉

(9) 関東地方から九州地方の北部にかけてのびる帯状の工業地域を何というか。〈栃木〉

3 日本の諸地域

(10) 阿蘇山《あそさん》には噴火《ふんか》による陥没《かんぼつ》によってできた，〔　　〕とよばれる大きなくぼ地が見られる。〈埼玉〉

(11) 中国・四国地方の地方中枢《ちゅうすう》都市はどこか。

(12) 愛知県豊田《とよた》市を含む工業地帯を何というか。〈茨城〉

(13) 東京都は，〔　　〕人口よりも昼間人口が多い。〈和歌山〉

(14) 東北地方の太平洋側では，夏に〔　　〕とよばれる冷たく湿った北東の風がふくことがある。〈埼玉〉

(15) 北海道とその周辺地域でくらしてきた先住民族は何か。

(1)〔　　　　〕
(2)〔　　　　〕
(3)〔　　　　〕
(4)〔　　　　〕
(5)〔　　　　〕
(6)〔　　　　〕
(7)〔　　　　〕
(8)〔　　　　〕
(9)〔　　　　〕
(10)〔　　　　〕
(11)〔　　　　〕
(12)〔　　　　〕
(13)〔　　　　〕
(14)〔　　　　〕
(15)〔　　　　〕

基礎力確認テスト　／50点

解答➡別冊解答 20 ページ

1 次の各問いに答えなさい。〈鳥取〉［(1)(2) 12 点× 2，その他 13 点× 2］

(1) **グラフ１**は，地図中の鳥取，彦根《ひこね》，大阪，潮《しお》岬《みさき》のいずれかの雨温図である。彦根の雨温図として，最も適切なものを，**ア**～**エ**から１つ選び，記号を書きなさい。

〔　　　〕

グラフ１

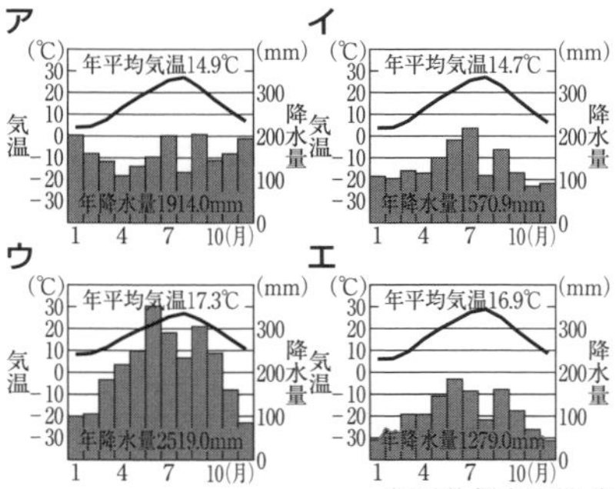

(「理科年表2021」)

(2) 中部地方にあてはまる文章として，最も適切なものを，次の**ア**～**エ**から１つ選び，記号を書きなさい。〔　　　〕

ア　中央部には巨大なカルデラがあり，その南にはけわしい山々がつらなっている。また，西部や南部には火山があり，たびたび噴火する。

イ　北部にはなだらかな山地が続き，南部にはけわしい山地がある。北部や南部に海岸線が複雑に入り組んだリアス海岸が広がっている。

ウ　中央には山脈がはしり，太平洋側には高地，日本海側には山地が広がっている。太平洋側にはリアス海岸，日本海側には砂浜が続く海岸線が見られる。

エ　中央部には 3000m 級の山脈がある。山々からは多くの河川が流れ出し，土砂を運び堆積《たいせき》させることにより，多くの盆地や平野をつくっている。

(3) **表**は，三重県，京都府，大阪府，和歌山県のいずれかの人口に関する統計をまとめたものである。**表**中の**ア**にあてはまる府県名を答えなさい。

〔　　　　　　〕

表

府県名	人口(万人)	人口密度(人／km²)	老年人口の割合(%)	産業別人口にしめる第２次産業人口の割合(%)
ア	178	308	29.7	32.3
イ	881	4624	27.6	23.8
ウ	258	560	29.1	23.6
エ	93	196	33.1	21.0

(2021 年版「データでみる県勢」)

(4) **グラフ２**は，日本の公園・遊園地・テーマパーク業務の都道府県別の売上高の割合を示したものであり，**グラフ２**中の**A**にあてはまる県が全国第１位である。この県は，鳥取県と同様に，日本なしの生産が多く，生産量が全国第２位(2019 年)である。この県のおよその形を示した略地図として，最も適切なものを，右の**ア**～**エ**から１つ選び，記号を書きなさい。

〔　　　〕

グラフ２

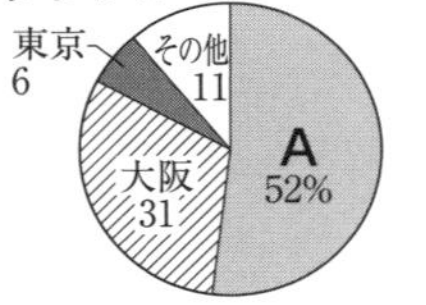

「経済産業省　特定サービス産業実態調査報告書(2018年)」

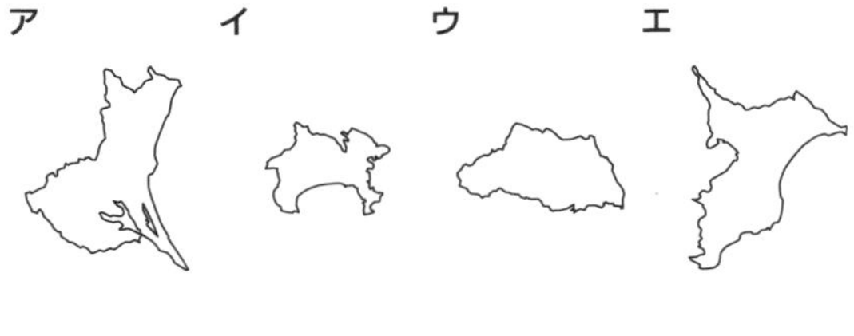

3 日目

中世までの歴史
世界の古代文明，縄文～室町時代の歴史

学習日　　月　　日

基礎問題

解答 ➲ 別冊解答 21 ページ

1 世界の古代文明

(1) 紀元前 3000 年頃にチグリス川・ユーフラテス川流域に誕生した文明を何というか。〈山口〉

(2) 紀元前 16 世紀頃に黄河《こうが》の流域におこり，漢字の基となった甲骨《こうこつ》文字がつくられた中国の王朝は何か。〈岐阜〉

2 縄文《じょうもん》～室町《むろまち》時代の歴史

(3) 縄文時代につくられた，右の図の人形のことを何というか。〈山形〉

(4) 邪馬台国《やまたいこく》の女王〔　　〕は，倭《わ》の 30 ほどの国々を従えていた。〈埼玉〉

(5) 古墳《こふん》時代に役人として朝廷《ちょうてい》に仕え，財政や外交などで活躍していた，中国や朝鮮《ちょうせん》半島から日本に移り住んできた人々を何というか。〈栃木〉

(6) 奈良時代の人々は，口分田《くぶんでん》の面積に応じて〔　　〕を負担した。〈栃木〉

(7) 航海に失敗し，失明しながらも遣唐使《けんとうし》にともなわれて来日して，仏教の教えを伝えた人物はだれか。〈長崎〉

(8) 桓武《かんむ》天皇は坂上田村麻呂《さかのうえのたむらまろ》を〔　　〕とする軍を東北へ送り，その勢力を広げた。〈岐阜〉

(9) 太政《だいじょう》大臣になり，わが国に銅銭をもたらした日宋《にっそう》貿易を行ったのはだれか。〈岩手〉

(10) 1232 年に，北条泰時《ほうじょうやすとき》が，武士の裁判の基準として定めた法を何というか。〈岐阜〉

(11) 文永《ぶんえい》の役《えき》のときの元《げん》の皇帝はだれか。〈山形〉

(12) 足利尊氏《あしかがたかうじ》が京都に新たな天皇を立て，後醍醐《ごだいご》天皇が吉野に逃れたことで，２つの朝廷に分かれて争った約 60 年間を何時代というか。〈山形〉

(13) 日明《にちみん》貿易が始まった時代，農村では〔　　〕とよばれる自治組織がつくられた。〈埼玉・改〉

(1)〔　　〕
(2)〔　　〕
(3)〔　　〕
(4)〔　　〕
(5)〔　　〕
(6)〔　　〕
(7)〔　　〕
(8)〔　　〕
(9)〔　　〕
(10)〔　　〕
(11)〔　　〕
(12)〔　　〕
(13)〔　　〕

基礎力確認テスト　／50点

解答➡別冊解答 21 ページ

1 右の年表を見て，次の各問いに答えなさい。〈和歌山・改〉［⑵ 10 点，その他５点×８］

時代	おもなできごと
弥生	中国大陸や朝鮮半島から伝わった稲作が広まり，ⓐ小さな国が各地に生まれた。
古墳	ⓑ大和《やまと》政権〔ヤマト王権〕の大王《だいおう》は，中国の南朝《なんちょう》に使いを送った。
飛鳥	大陸の影響を受けたⓒ仏教文化が栄えた。 ⓓ朝鮮半島に大軍を送り，唐《とう》と新羅《しらぎ》の連合軍と戦った。
奈良	唐の長安にならった平城京に都を移し，ⓔ地方をおさめる役所も整備された。
平安	遣唐使《けんとうし》が廃止され，日本独自の文化であるⓕ国風《こくふう》文化が栄えた。
鎌倉	２度にわたり元《げん》軍が九州北部に襲来した。 中国大陸から伝わった禅宗《ぜんしゅう》などのⓖ新しい仏教が広まった。
室町	宋《そう》や明《みん》から輸入された貨幣が取り引きに使われるなど，ⓗ商業が活発になった。

⑴ 下線ⓐに関し，吉野ヶ里《よしのがり》遺跡の位置を，略地図中の**ア**～**エ**から１つ選び，記号を書きなさい。

［　　　　］

⑵ 下線ⓑに関し，略地図中の稲荷山《いなりやま》古墳から出土した鉄剣《てっけん》と江田船山《えたふなやま》古墳から出土した鉄刀には大和政権〔ヤマト王権〕の大王の一人と考えられているワカタケルの名が漢字で刻まれている。これらのことから，当時の大和政権〔ヤマト王権〕の勢力について考えられることを，簡潔に書きなさい。

［　　　　　　　　　　　　　　　　］

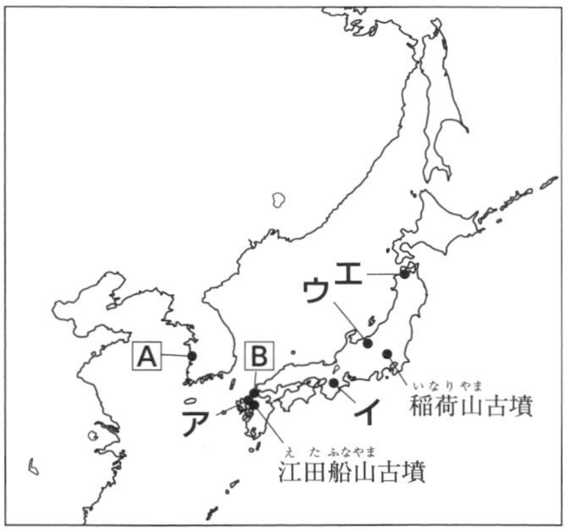

⑶ 下線ⓒに関し，現存する世界最古の木造建築がある奈良県の寺院を何というか。

［　　　　　　］

⑷ 下線ⓓの戦いは，略地図中のAで起こった。この戦いを何というか。また，この戦いが起こった理由を，簡潔に書きなさい。

戦い［　　　　　　　　］

理由［　　　　　　　　　　　　　　　　　　　　］

⑸ 下線ⓔに関し，略地図中のBに設けられた，外交や防衛もになっていた役所を何というか。

［　　　　　　］

⑹ 下線ⓕが栄えた頃，摂政《せっしょう》や関白《かんぱく》が政治の中心となる摂関政治が行われた。この時代に，４人の娘を天皇の妃にし，右の歌をよんだ人物はだれか。

> この世をば我《わ》が世とぞ思う
> 望月《もちづき》のかけたることも無しと思えば

［　　　　　　］

⑺ 下線ⓖに関し，踊りを取り入れたり，念仏の札を配ったりするなど，工夫をこらしながら時宗《じしゅう》を広めた人物を，次の**ア**～**エ**から１つ選び，記号を書きなさい。

ア　法然《ほうねん》　　**イ**　日蓮《にちれん》　　**ウ**　一遍《いっぺん》　　**エ**　栄西《ようさい》《えいさい》　　［　　　］

⑻ 下線ⓗに関し，室町時代に馬で物資を運んだ運送業者を何というか。

［　　　　　　］

4
日目

近世の日本
安土桃山時代，江戸時代の歴史

学習日　　　月　　　日

基礎問題

解答➲別冊解答 21 ページ

1 安土桃山《あづちももやま》時代

(1) 1492 年，スペインの援助を受け，インドなどのアジアをめざした〔　　　〕は，大西洋を横断し，西インド諸島に到達した。〈栃木〉

(2) 1549 年，アジアで布教していたイエズス会の宣教師〔　　　〕がキリスト教を伝えるために日本に来た。〈埼玉〉

(3) 織田信長《おだのぶなが》が，安土《あづち》城の城下町に対して，同業者の団体の廃止を命じるなど，商工業の発展をうながした政策を何というか。〈静岡〉

(4) 豊臣秀吉《とよとみひでよし》は，刀狩《かたながり》や太閤検地《たいこうけんち》などを通して，〔　　　〕の政策を進めて身分制社会の土台をつくった。〈栃木〉

(5) 豊臣秀吉に仕え，質素なわび茶の作法を完成させたのはだれか。〈岐阜〉

2 江戸《えど》時代

(6) 江戸幕府が定めた右の資料の法律を何というか。〈埼玉〉

> 一　大名《だいみょう》は，毎年４月中に江戸へ参勤《さんきん》すること。
> 一　新しい城をつくってはいけない。石垣《いしがき》などがこわれたときは奉行所《ぶぎょうしょ》の指示を受けること。
> 一　大名は，かってに結婚してはいけない。
> 一　500 石《こく》積み以上の船をつくってはならない。

(7) 出島《でじま》には，ポルトガル船の来航が禁止されたあと，平戸《ひらど》で貿易を行っていた〔　　　〕の商館が移された。〈長崎〉

(8) 〔　　　〕文化では，井原西鶴《いはらさいかく》が浮世草子《うきよぞうし》を，近松門左《ちかまつもんざ》衛門《えもん》が人形浄瑠璃《にんぎょうじょうるり》の脚本を書いた。〈茨城〉

(9) 享保《きょうほう》の改革のとき，江戸幕府は，裁判の基準となる〔　　　〕を定めた。〈長崎〉

(10) 株仲間《かぶなかま》をつくることを奨励して税収を増やそうとしたり，蝦夷地《えぞち》の開拓にのりだしたりした老中《ろうじゅう》はだれか。〈山口〉

(11) 1854 年，江戸幕府はアメリカ合衆国と条約を結び，開国した。この条約を何というか。〈山口〉

(1)〔　　　　　　　〕
(2)〔　　　　　　　〕
(3)〔　　　　　　　〕
(4)〔　　　　　　　〕
(5)〔　　　　　　　〕
(6)〔　　　　　　　〕
(7)〔　　　　　　　〕
(8)〔　　　　　　　〕
(9)〔　　　　　　　〕
(10)〔　　　　　　　〕
(11)〔　　　　　　　〕

基礎力確認テスト　／50点

解答➡別冊解答 21 ページ

1 次の文を読んで，あとの各問いに答えなさい。〈愛媛〉［6点×6］

・□が，壮大な天守をもつ安土《あづち》城を築いた。
・徳川家康《とくがわいえやす》が，征夷大将軍《せいいたいしょうぐん》に任命され，ⓐ江戸《えど》に幕府《ばくふ》を開いた。
・ⓑ徳川吉宗《よしむね》が，享保《きょうほう》の改革とよばれる改革を始めた。

(1) □には，足利義昭《あしかがよしあき》を京都から追放し，室町《むろまち》幕府を滅亡させた大名の氏名があてはまる。□にあてはまる大名の氏名を書きなさい。［　　］

(2) 右の表は，ⓐ時代の，江戸，大阪，京都における，それぞれの都市の総面積に占める，公家《くげ》地，武《ぶ》家《け》地，町人地，寺社地などの面積の割合を表したものであり，表中のA～Cは，それぞれ江戸，大阪，京都のいずれかにあたる。それぞれにあたるものをA～Cから1つずつ選び，記号を書きなさい。

（単位：%）

項目／都市	公家地	武家地	町人地	寺社地	その他
A	－	77.4	9.8	10.3	2.5
B	3.3	5.0	40.1	14.0	37.6
C	－	22.3	57.7	7.8	12.2

（注）17世紀中頃の様子である。公家地，武家地，町人地は，それぞれ，公家，武士，町人が居住する区域であり，寺社地は，寺や神社が所有する区域である。その他は，空き地などである。－は，面積の割合が少なく，数値化されていないことを表している。

（「歴史公論」）

江戸［　　］　大阪［　　］　京都［　　］

(3) ⓑが行った政策について述べた次の文の①，②の｛　｝の中から適切なものを，それぞれ1つずつ選び，記号を書きなさい。　①［　　］　②［　　］

ⓑは，新しい知識の導入をはかるため，①｛**ア**　中国語　　**イ**　オランダ語｝に翻訳されたヨーロッパの書物のうち，②｛**ウ**　儒教《じゅきょう》　　**エ**　キリスト教｝に関係のない書物の輸入を許可した。

2 江戸幕府について，次の各問いに答えなさい。〈静岡〉［7点×2］

(1) 大名は，江戸幕府から領地を与えられ，その領地を支配した。大名が，江戸幕府から与えられた領地とその領地を支配するしくみは何とよばれるか。その名称を書きなさい。［　　］

(2) 右の表は，譜代《ふだい》大名と外《と》様《ざま》大名が，徳川氏に従った時期を示している。図の□は，外様大名に与えられた領地を示している。表から，江戸幕府にとって，外様大名はどのような存在であったと考えられるか。図から読みとれる，江戸からみた外様大名の配置の特徴とあわせて，簡単に答えなさい。

	徳川氏に従った時期
譜代大名	関ヶ原の戦い以前
外様大名	関ヶ原の戦い以後

注　外様大名の領地は，1664年ごろのもの。

［　　］

5 日目

近代・現代の日本
明治時代以降の歴史

学習日　　月　　日

基礎問題

解答 ➲ 別冊解答 22 ページ

1 明治時代以降の歴史

(1) 地租《ちそ》改正では，地租は地価の３％と定められ，〔　　　〕で納められた。〈愛媛〉

(2) 明治政府の近代化を目指す政策によって，欧米の文化がさかんに取り入れられたことを何というか。〈岐阜〉

(3) 1894 年，〔　　　〕が外務大臣のときに，日英通商航海条約が結ばれ，領事裁判権が撤廃《てっぱい》された。〈埼玉〉

(4) 下関《しものせき》条約で，清《しん》が日本に遼東《りょうとう》《リアオトン》半島をゆずることを認めると，〔　　　〕は，ドイツ，フランスをさそい，日本に対して，遼東半島を清に返すようせまった。〈愛媛〉

(5) 日清《にっしん》戦争の賠償金《ばいしょうきん》の一部をもとに建設され，1901 年に鉄鋼の生産を開始した官営工場を何というか。〈福島〉

(6) インドでは，非暴力・不服従を唱える〔　　　〕の指導により，完全な自治を求める運動が高まった。〈埼玉〉

(7) 吉野作造《よしのさくぞう》は，大日本帝国《ていこく》憲法のもとで，民意に基づいた政治を行うことが可能であるとし，〔　　　〕を唱えた。〈静岡〉

(8) 〔　　　〕出兵を見こした米の買いしめにより，米の価格が上がったことから，米騒動《こめそうどう》が起きた。〈埼玉〉

(9) 世界恐慌《きょうこう》に対処するため，イギリスなどが実施した，本国と植民地との間で経済圏をつくり，高い税をかけて外国の商品をしめ出す政策を何というか。〈山口〉

(10) 1936 年，陸軍の青年将校らが大臣などを殺傷《さっしょう》し，首相官《かん》邸《てい》など，東京の中心部を占拠《せんきょ》した事件を何というか。〈佐賀〉

(11) 1938 年に制定された，政府が戦争のために物資や労働力を優先して動員できるようにした法律を何というか。

(12) 農地改革により，政府が地主の農地を買い上げ，小作人に安く売りわたすことで，〔　　　〕が大幅に増えた。〈山口〉

(1)〔　　　　　〕
(2)〔　　　　　〕
(3)〔　　　　　〕
(4)〔　　　　　〕
(5)〔　　　　　〕
(6)〔　　　　　〕
(7)〔　　　　　〕
(8)〔　　　　　〕
(9)〔　　　　　〕
(10)〔　　　　　〕
(11)〔　　　　　〕
(12)〔　　　　　〕

基礎力確認テスト　/50点

解答➡別冊解答 22 ページ

1 右の年表を見て，次の各問いに答えなさい。〈埼玉〉［10点×5］

西暦(年)	できごと	
1867	・大政奉還《たいせいほうかん》が行われる	A（ここから）
1889	・大日本帝国《ていこく》憲法が発布される	A（ここまで）
1894	・日清《にっしん》戦争が始まる	
1914	・第一次世界大戦が始まる	
1924	・第 15 回衆議院議員総選挙が行われる	X
1925	・普通《ふつう》選挙法が成立する	B
1928	・第 16 回衆議院議員総選挙が行われる	Y
1941	・太平洋戦争が始まる	C（ここから）
1951	・サンフランシスコ平和条約が結ばれる	C（ここまで）・D（ここから）
1978	・日中平和友好条約が結ばれる	D（ここまで）

(1) 年表中Aの時期のできごとである次の**ア**～**エ**を，年代の古い順に並べかえ，記号を書きなさい。

ア 会議を開いて世論に基づいた政治を行うことなどを示した，五箇条《ごかじょう》の御誓《ごせい》文《もん》が発布された。

イ 板垣退助《いたがきたいすけ》らが，民撰議院設立建白書を政府に提出した。

ウ 版籍奉還《はんせきほうかん》が行われ，藩主に土地と人民を政府に返させた。

エ 内閣制度ができ，伊藤博文《いとうひろぶみ》が初代の内閣総理大臣に就任した。

〔　　→　　→　　→　　〕

(2) 右のグラフは，年表中Xと年表中Yにおける全人口と有権者の割合を示したものである。年表中Bによって，有権者の割合が変化したが，年表中Bにより，衆議院議員の選挙権はどのような人がもつこととされたかを説明しなさい。また，年表中Bのときの内閣総理大臣を，次の**ア**～**エ**から1つ選び，記号を書きなさい。

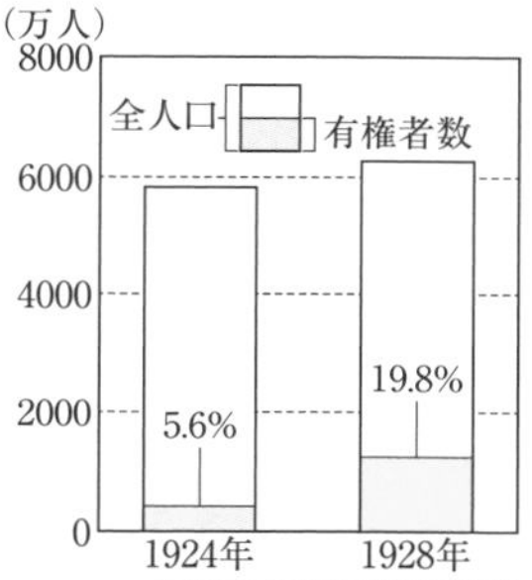

(「日本長期統計総覧」)

説明〔　　　　　　　　　　〕　記号〔　　　〕

ア 原敬《はらたかし》　**イ** 加藤高明《かとうたかあき》　**ウ** 寺内正毅《てらうちまさたけ》　**エ** 犬養毅《いぬかいつよし》

(3) 年表中Cの時期における日本の社会や経済の様子を述べた文として適切なものを，次の**ア**～**エ**から1つ選び，記号を書きなさい。〔　　〕

ア 民法が改正され，個人の尊厳と男女の本質的平等に基づく新たな家族制度が定められた。

イ 高度経済成長のなか，テレビ，洗濯機《せんたくき》，冷蔵庫などの家庭電化製品や自動車が普及した。

ウ 政党が解散して，新たに結成された大政翼賛会《たいせいよくさんかい》に合流した。

エ 小作料の減額などを求める小作争議が盛んになり，日本農民組合が結成された。

(4) 年表中Dの時期の日本の外交についてまとめた次の文中の［　　］にあてはまる語を書きなさい。〔　　　　〕

中国とは，1972 年，田中角栄《たなかかくえい》内閣のときに［　　］が調印された。［　　］によって中国との国交を正常化し，1978 年には，日中平和友好条約が結ばれた。

現代社会の特色／日本国憲法と政治のしくみ
現代社会の特色，日本国憲法と基本的人権，民主政治のしくみ

学習日　　月　　日

基礎問題

解答➡別冊解答 22 ページ

1 現代社会の特色

(1) 世界各国が有利に生産できる商品を輸出して，そうでない商品を輸入することを何というか。〈兵庫〉

(2) テレビや新聞などからの情報をさまざまな角度から読みとり，自分で考えて判断したり，活用したりする能力のことを何というか。〈佐賀〉

2 日本国憲法と基本的人権

(3) 日本国憲法では，天皇は，日本国と日本国民統合の何と定められているか。〈和歌山〉

(4) 日本国憲法第 29 条に定められている〔　　〕により，経済活動の自由が保障されている。〈兵庫〉

(5) 医療《いりょう》のインフォームド・コンセントの考え方と関係の深い新しい人権は何か。〈鳥取〉

3 民主政治のしくみ

(6) 国会は，国権の〔　　〕機関であって，国の唯一《ゆいいつ》の立法機関である。〈福島〉

(7) 裁判官としての職務を果たさなかったり，裁判官としてふさわしくない行為《こうい》をしたりした裁判官を辞《や》めさせるかどうかを，国会が判断する裁判を何というか。〈三重〉

(8) 内閣総理大臣が主催し，すべての国務大臣が出席し，全会一致を原則として政府の方針を決定する会議を何というか。〈三重〉

(9) 刑事《けいじ》裁判における三審制のしくみを示した右の図中のAにあてはまる語句は何か。〈愛知〉

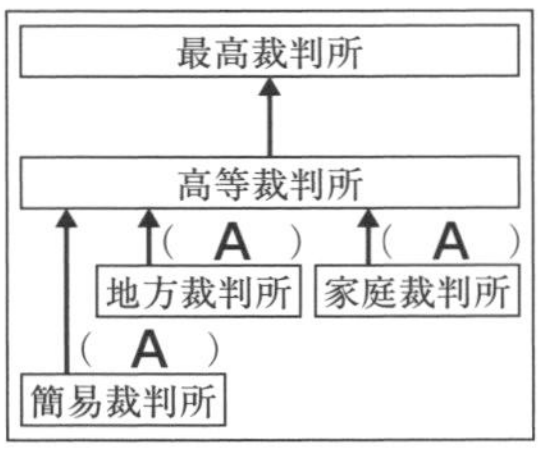

(10) 有権者が条例《じょうれい》の改正を請求するには有権者の〔　　〕以上の署名が必要である。〈茨城〉

(11) 国から地方公共団体に配分され，使い道が自由な財源を何というか。〈大分〉

(1)〔　　　　〕
(2)〔　　　　〕
(3)〔　　　　〕
(4)〔　　　　〕
(5)〔　　　　〕
(6)〔　　　　〕
(7)〔　　　　〕
(8)〔　　　　〕
(9)〔　　　　〕
(10)〔　　　　〕
(11)〔　　　　〕

基礎力確認テスト　／50点

解答➡別冊解答 22 ページ

1 次の文章中の［X］，［Y］にあてはまることばの組み合わせとして最も適切なものを，あとの**ア**～**エ**から１つ選び，記号を書きなさい。〈愛知〉［8点］

どのような政治制度にも一長一短がある。公正と効率の観点から考えた場合，［X］の短所は，多くの人びとが議論に参加するため，その意見の集約に時間がかかり，［Y］の面で課題があるという点にある。

ア　X　直接民主制，Y　公正　　**イ**　X　直接民主制，Y　効率
ウ　X　代表民主制，Y　公正　　**エ**　X　代表民主制，Y　効率　〔　　　〕

2 右の**資料**を見て，次の各問いに答えなさい。〈長崎・改〉［7点×6］

資料　年齢に応じた権利と義務

年齢	権利や義務
15 歳	義務教育終了後，①職業に就いて働くことができる。
18 歳	②選挙権をもつ。
20 歳	③裁判員に選ばれることができる。
［P］歳	④衆議院議員，市(区)町村長，市(区)町村議会議員，都道府県議会議員に立候補できる。
30 歳	参議院議員，⑤都道府県知事に立候補できる。

(1) **資料**中の［P］に入る年齢を書きなさい。〔　　　〕

(2) 下線部①に関して，労働基本権（労働三権）のうち，労働者が使用者と対等な立場で労働条件を維持，改善していくために，労働組合を結成する権利を何というか。〔　　　〕

(3) 下線部②と同じく，参政権にあたるものを，次の**ア**～**エ**から１つ選び，記号を書きなさい。〔　　　〕

ア　自己決定権　　**イ**　集会・結社・表現の自由
ウ　教育を受ける権利　　**エ**　最高裁判所裁判官の国民審査権

(4) 下線部③に関して，右の図はある裁判の様子をえがいたものである。図を参考に，次の文の**X**にあてはまる語句を答えなさい。〔　　　〕

検察官が出席し，裁判員も出席していることから，この図は，重大な事件に関する［X］裁判の様子をえがいたものであることがわかる。

(5) 下線部④に関して，法律案の議決や内閣総理大臣の指名など，国会におけるいくつかの重要な議決については，衆議院と参議院の議決が一致しない場合，衆議院の議決が優先される。その理由を「衆議院は」に続けて簡潔に答えなさい。ただし，「任期」「国民」の語を必ず用いること。

〔衆議院は　　　〕

(6) 下線部⑤に関して，「地方自治は，［Y］の学校である。」といわれる。**Y**にあてはまる語句を答えなさい。〔　　　〕

7 日目 経済と財政／国際社会

消費・生産・市場経済，財政と社会保障，国際社会

学習日　　月　　日

基礎問題

解答 ➡ 別冊解答 23 ページ

1 消費・生産・市場経済

(1) 商品の欠陥《けっかん》によって，消費者が損害《そんがい》を受けた場合の賠償《ばいしょう》について定めた〔　　〕が，1994 年に制定された。〈茨城〉

(2) 労働時間を減らし，育児休業や介護《かいご》休業などを充実させることで，仕事と家庭生活や地域生活とを両立できる〔　　〕を実現することが，課題になっている。〈埼玉〉

(3) キャベツが豊作となり，市場で供給量《きょうきゅう》が需要量《じゅよう》を上回った場合，キャベツの価格はどう変化するか。〈長崎〉

(4) 企業《きぎょう》が不当な取り引きなどをしないよう監視している，独占禁止法に基づいて設置される行政機関は何か。〈埼玉〉

(5) 右の図中の□にあてはまる，一般の銀行とは異なる役割を果たしている銀行のことを何というか。〈栃木〉

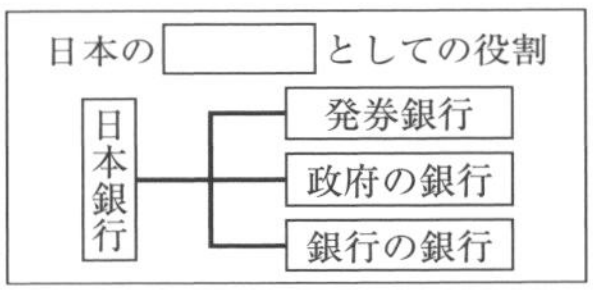

(6) 好況《こうきょう》〔好景気〕のときに，物価が上がり続ける現象を何というか。〈山口〉

2 財政と社会保障

(7) 所得税で採られている，所得が多くなればなるほど税率が高くなるしくみを何というか。〈長崎〉

(8) 日本の社会保障制度の 4 つの柱のうち，収入が少なく生活に困っている人に対して生活費等を給付する制度を何というか。〈福島〉

3 国際社会

(9) 1948 年に設立された，世界の各国民の健康の保持と公衆衛生の向上を目的とする，国際連合の専門機関を何というか。〈和歌山〉

(10) 先進国と発展途上国《とじょうこく》の間だけでなく，発展途上国間でも経済格差が生じている。このような発展途上国間の経済格差を何というか。〈栃木〉

(1)〔　　　　〕
(2)〔　　　　〕
(3)〔　　　　〕
(4)〔　　　　〕
(5)〔　　　　〕
(6)〔　　　　〕
(7)〔　　　　〕
(8)〔　　　　〕
(9)〔　　　　〕
(10)〔　　　　〕

基礎力確認テスト　／50点

解答➡別冊解答23ページ

1 次の文を読んで，あとの各問いに答えなさい。〈福島・改〉［(5)8点，その他7点×6］

Ⅰ　私たちの消費生活　私たちは，さまざまな財(モノ)やサービスをⓐ消費することで豊かな生活を送ることができます。ⓑ企業は，これらを生産し，提供します。

Ⅱ　景気の安定　日本銀行と政府は，国民が安心して経済活動を行うことができるように，ⓒ景気を安定させるための政策を行っています。

Ⅲ　政府の役割　政府は，ⓓ税金などによって得た収入をもとに，経済活動を円滑にするとともに，ⓔ国際連合と協力してⓕ環境《かんきょう》保全に力を入れるなどしています。

(1) 下線部ⓐに関して，経済主体の一つであり，家族や個人など消費生活を営む経済活動の単位を何というか。漢字2字で書きなさい。〔　　　　〕

(2) 下線部ⓑに関して，株主《かぶぬし》が出席する株式会社の最高意思決定機関を何というか，漢字4字で書きなさい。〔　　　　〕

(3) 下線部ⓒに関して，右の**表1**は，好景気と不景気のときに日本銀行や政府が行う政策について表している。**表1**の［ A ］と［ D ］にあてはまる政策として最も適切なものを，次の**ア**～**エ**から1つずつ選び，記号を書きなさい。　A〔　　〕　D〔　　〕

表1

	金融政策	財政政策
好景気のとき	A	B
不景気のとき	C	D

ア　増税を行い，公共事業への支出を減らす。
イ　減税を行い，公共事業への支出を増やす。
ウ　国債《こくさい》などを銀行から買う。　**エ**　国債などを銀行へ売る。

(4) 下線部ⓓに関して，右の文は，消費税について述べたものである。正誤の組み合わせとして適切なものを，次の**ア**～**エ**から1つ選び，記号を書きなさい。〔　　〕

E　消費税は，税金を納めなければならない人と実際に税金を負担する人が一致する。
F　消費税は，所得税に比べて，所得の低い人ほど所得に対する税負担の割合が高くなる傾向がある。

ア　E－正　F－正　　**イ**　E－正　F－誤
ウ　E－誤　F－正　　**エ**　E－誤　F－誤

(5) 下線部ⓔに関して，右の**表2**は，国際連合の安全保障理事会におけるある重要な決議案の投票結果を表している。投票の結果，この決議案は採択されたか，それとも採択されなかったか。理由を明らかにしながら，「常任理事国」という語句を用いて書きなさい。〔　　　　〕

表2　安全保障理事会におけるある重要な決議案の投票結果

投票国	国名
賛成	コートジボワール，赤道ギニア，エチオピア，フランス，カザフスタン，クウェート，オランダ，ペルー，ポーランド，スウェーデン，イギリス，アメリカ
反対	ボリビア，ロシア
棄権	中国

（国際連合資料より作成）

(6) 下線部ⓕに関して，1993年に国が制定した，公害対策基本法を発展させ，環境保全に対する社会全体の責務を明らかにした法律を何というか。

〔　　　　〕

第1回　社会の総復習テスト

時間……30分　　解答➲別冊解答24ページ

得点
／100点

1 次の問いに答えなさい。〈京都・改〉［7点×10］

(1) **資料1**中の┈┈┈は，緯度《いど》0度の緯線を示している。この緯線のことを何というか，漢字2字で書きなさい。また，次の**ア**～**エ**から，この緯線が通る国を1つ選び，記号を書きなさい。

ア　イタリア　　**イ**　インド

ウ　エジプト　　**エ**　ブラジル

資料1

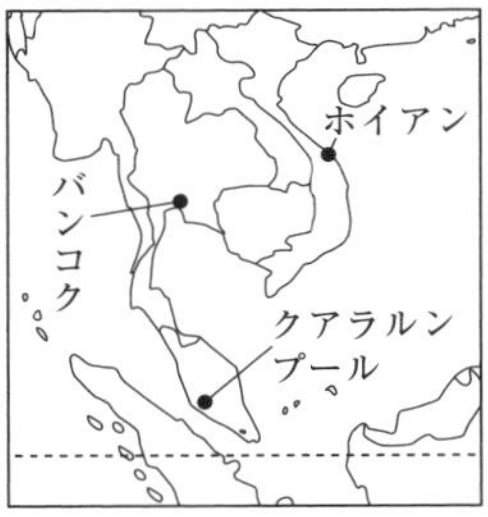

(2) **資料1**中のベトナムのホイアンをはじめ当時の東南アジア各地には，朱印船《しゅいんせん》貿易を通して，日本町が形成された。日本と東南アジアの国々との間で，朱印船貿易が開始された時期を，**資料2**中の**A**～**D**から1つ選び，記号を書きなさい。また，朱印船貿易における航海では，夏と冬で風向きが変わる風が利用されていた。この風を何というか，漢字3字で書きなさい。

資料2

御成敗式目《ごせいばいしきもく》が定められる
↕ **A**
室町《むろまち》幕府が開かれる
↕ **B**
応仁《おうにん》の乱が起こる
↕ **C**
日本に鉄砲《てっぽう》が伝来する
↕ **D**
島原《しまばら》・天草一揆《あまくさいっき》が起こる

(3) **資料1**中のタイの首都バンコクには仏教寺院が多い。日本で栄えた仏教文化の一つである飛鳥《あすか》文化を代表する建造物として最も適当なものを，次のⅰ群**ア**～**エ**から1つ選び，記号を書きなさい。また，飛鳥文化が栄えた時期の日本について述べた文として最も適切なものを，あとのⅱ群**カ**～**ケ**から1つ選び，記号を書きなさい。

ⅰ群　**ア**　延暦寺《えんりゃくじ》　　**イ**　法隆寺《ほうりゅうじ》　　**ウ**　中尊寺金色堂《ちゅうそんじこんじきどう》　　**エ**　平等院鳳凰堂《びょうどういんほうおうどう》

ⅱ群　**カ**　農村で，惣《そう》とよばれる自治組織がつくられた。

キ　人々に開墾《かいこん》をすすめるために，朝廷《ちょうてい》が墾田永年私財法《こんでんえいねんしざいのほう》を出した。

ク　仮名文字がつくられ，枕草子《まくらのそうし》などの文学作品が生まれた。

ケ　個人の才能によって役人を採用するため，冠位十二階の制度が定められた。

(4) **資料1**中のクアラルンプールはマレーシアの首都である。**資料3**の**A**～**D**はそれぞれ，マレーシア，オーストラリア，サウジアラビア，ガーナの4か国のいずれかである。次の文を参考にして，マレーシアにあたるものを**A**～**D**から1つ選び，記号を書きなさい。また，**資料4**は，この4か国の輸出額の上位5品目と，それぞれの輸出総額に対する割合を示したものである。マレーシアにあたるものを**P**～**S**から1つ選び，記号を書きなさい。

資料3　（2020年）

	人口（千人）	人口密度（人/km^2）
A	31,073	130.0
B	25,500	3.3
C	32,366	97.8
D	34,814	15.8

（2021/22年版「日本国勢図会」）

> **資料3**からは，4か国それぞれの国の面積を求めて比較することもでき，国の面積が大きな順に，オーストラリア，サウジアラビア，マレーシア，ガーナとなることが読みとれる。

資料4

	1位		2位		3位		4位		5位	
P	機械類	42.2%	石油製品	7.3%	液化天然ガス	4.0%	原油	3.8%	精密機械	3.6%
Q	原油	65.6%	石油製品	11.4%	プラスチック	6.8%	有機化合物	3.7%	機械類	1.3%
R	金	35.6%	原油	30.4%	カカオ豆	14.3%	野菜・果実	3.7%	ココアペースト	2.3%
S	鉄鉱石	21.1%	石炭	18.8%	液化天然ガス	8.5%	金	5.9%	肉類	3.9%

P・**R**は 2018 年，**Q**は 2016 年，**S**は 2017 年　　（2020/21 年版「世界国勢図会」）

(5) **資料1**中で記した都市があるすべての国が加盟している，1967 年に創設された東南アジア諸国連合の略称をアルファベット大文字５字で書きなさい。また，東南アジア諸国連合，ヨーロッパ連合（ＥＵ），アメリカ，日本の貿易額と国内総生産を示した次の**資料5**中の**Ａ**～**Ｃ**から，東南アジア諸国連合にあたるものを１つ選び，記号を書きなさい。

資料5　貿易額と国内総生産（2018 年）

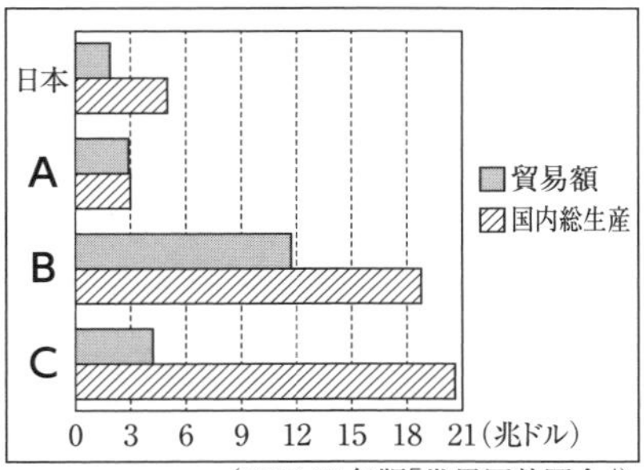

（2020/21年版「世界国勢図会」）

2 次の問いに答えなさい。［10 点×３］

(1) 東北地方の稲作に関して述べた文として最も適当なものを，次のⅰ群**ア**～**エ**から１つ選び，記号を書きなさい。また，東北地方で世界恐慌《きょうこう》の影響などで農業経営が危機におちいった 1930 年代に日本で起こったできごととして最も適切なものを，あとのⅱ群**カ**～**ケ**から１つ選び，記号を書きなさい。〈京都〉

ⅰ群　**ア**　冷害に強くて品質の高い米の開発が進み，銘柄米《めいがらまい》として生産が行われている。
　　　イ　夏に吹くやませによって，稲作に適した気候がもたらされる。
　　　ウ　同じ土地で米だけを作り続ける輪作が行われている。
　　　エ　千島《ちしま》列島から南下する黒潮によって，稲作に適した気候がもたらされる。

ⅱ群　**カ**　不平士族が西南戦争を起こした。
　　　キ　本土への空襲《くうしゅう》が始まり，都市の子どもが疎開《そかい》した。
　　　ク　政府が警察予備隊をつくった。
　　　ケ　陸軍の青年将校が二・二六事件を起こした。

(2) 右の表は，2017 年の国会の動きをまとめたものの一部であり，**Ｘ**～**Ｚ**は国会の種類を示している。**Ｚ**にあてはまるものを，次の**ア**～**エ**から１つ選び，記号を書きなさい。〈三重〉

1月	2月	3月	4月	5月	6月	7月	8月	9月	10月	11月	12月
20日 開会		27日 予算可決		26日 改正民法成立	18日 閉会			28日 開会 衆議院の解散 閉会	22日 衆議院総選挙	1日 開会 内閣総理大臣の指名	9日 閉会
←―――――	―――――	―――――	―― X ――	―――――	―――――→			Y		←Z→	

（衆議院 Web ページほか）

ア　通常国会　　**イ**　臨時国会　　**ウ**　特別国会　　**エ**　参議院の緊急《きんきゅう》集会

1	(1)	緯線		記号		
	(2)	記号	風		(3)	ⅰ	ⅱ
	(4)	**資料3**	**資料4**	(5)	略称	記号
2	(1)	ⅰ	ⅱ	(2)		

第2回　社会の総復習テスト

時間……30分　　　　解答➲別冊解答25ページ

得点　　／100点

1 次の問いに答えなさい。〈山口〉［10点×3］

(1) 右のグラフは，じゃがいもと小麦の都道府県別収穫量の割合を示している。グラフ中の**A**にあてはまる都道府県名を答えなさい。

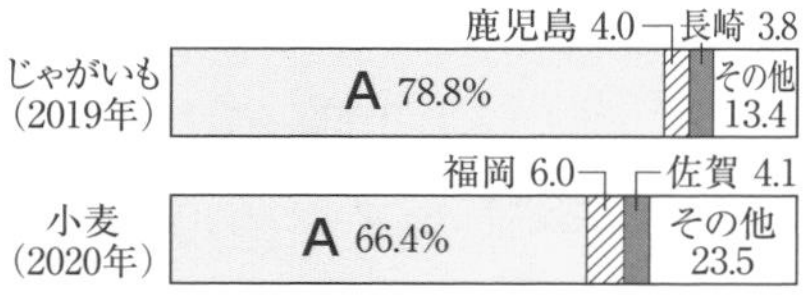

（2021/22年版「日本国勢図会」）

(2) ユーラシア大陸の西岸に位置しているヨーロッパの国々の中には，日本より高緯度《こういど》に位置しているが，冬でも比較的温暖な地域が多くある。その理由として，暖流である北大西洋海流とその上をふく風の影響を受けていることがあげられる。この風を何というか。

(3) 右の資料は，世界最大級の一枚岩で，世界遺産に登録されている。この岩は，周辺に住む先住民の聖地といわれている。この世界遺産がある国と先住民の組み合わせとして適切なものを，次の**ア**～**エ**から１つ選び，記号を書きなさい。

ア　カナダ－イヌイット　　　**イ**　カナダ－アボリジニ

ウ　オーストラリア－イヌイット　　　**エ**　オーストラリア－アボリジニ

2 次のカードを見て，あとの問いに答えなさい。〈三重〉［8点×5］

A　奈良《なら》時代に，国家のおこりや天皇の由来などを説明する歴史書やⓐ全国の国ごとの記録がまとめられた。

B　平安時代に，ⓑ最澄《さいちょう》と空海《くうかい》は，新しい仏教の教えを日本に伝えた。

C　1854年に，江戸幕府はアメリカとⓒ日米和親条約を結んだ。

D　明治時代に，ⓓ国民が政治に参加する権利の確立を目指す自由民権運動が進められた。

E　冷戦が終結し，ⓔ国際社会に変化が起こった。

(1) 下線部ⓐについて，全国の国ごとに，自然，産物，伝説などを記録したものを何というか，その名称を漢字で答えなさい。

(2) 下線部ⓑについてまとめた右の文中の［ X ］，［ Y ］にあてはまる言葉の組み合わせを次の**ア**～**エ**から１つ選び，記号を書きなさい。

最澄は，唐にわたり，仏教を学んだ。その後，比叡山に［ X ］を建てて，［ Y ］を広めた。

ア　X－延暦寺《えんりゃくじ》　Y－天台宗《てんだいしゅう》　　**イ**　X－金剛峯寺《こんごうぶじ》　Y－天台宗

ウ　X－延暦寺　Y－真言宗《しんごんしゅう》　　**エ**　X－金剛峯寺　Y－真言宗

(3) 下線部ⓒについて，条約で定められ，開港したのは，函館《はこだて》ともう１つはどこか。右の地図中の**ア**～**エ**から１つ選び，記号を書きなさい。

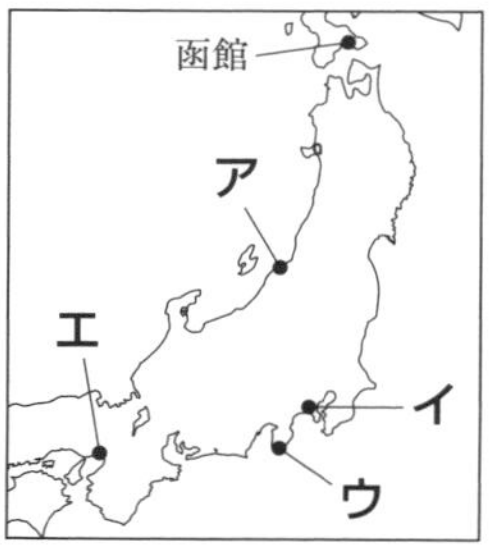

(4) 下線部ⓓについて，明治時代以降日本で起こった，国民が政治に参加する権利の拡大に関するできごとである次の**ア～エ**を，年代の古いものから順に並べ，記号を書きなさい。

ア　満25歳以上の男子に選挙権を与える普通選挙法が成立した。

イ　初めての女性国会議員が誕生した。

ウ　民撰《みんせん》議院設立建白書が政府に提出された。　**エ**　第1回帝国《ていこく》議会が開かれた。

(5) 下線部ⓔについて，**資料1**，**資料2**は，1989年から1992年までの国際社会の変化についての資料である。**資料1**に示したように，1991年から1992年にかけて，**資料2**の⬭で示した地域で国際連合に加盟した国の数が増加したのはなぜか，その理由として考えられることを，**資料2**から読みとれることをもとにして，書きなさい。

資料1　新たに国際連合に加盟した国の数

年	新たに国際連合に加盟した国の数	資料2の⬭で示した地域で国際連合に加盟した国の数
1989	0	0
1990	2	0
1991	7	3
1992	13	9

(国際連合広報センターWebページほか)

資料2　ユーラシア大陸の一部における国境の変化を示した略地図

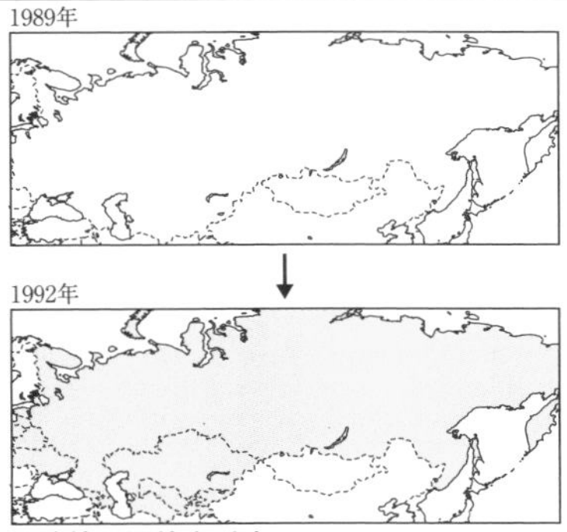

〔注：破線は国境を示す。
⬭は，1991年に生まれた独立国を示す。〕

(外務省Webページほか)

3 次の問いに答えなさい。［10点×3］

(1) **資料1**は，日本国憲法の三つの基本原理について，大まかに示したものである。図中の**A**に入る語句を答えなさい。〈山口〉

資料1

日本国憲法
- （　**A**　）：政治は国民の意思に基づいて行われ，政治のあり方を最終的に決めるのは国民である。
- 基本的人権の尊重：自由に，人間らしく豊かに生きていくことができるよう自由権や社会権などを保障する。
- 平和主義：戦争の放棄と戦力をもたないことを宣言し，世界の恒久平和のために努力する。

(2) 営利を目的とせず，公共の利益のため，福祉・教育，まちづくりなど，多くの分野で自発的に活動する団体を何というか。次の**ア～エ**から1つ選び，記号を書きなさい。〈山口〉

ア　WHO　　**イ**　PKO　　**ウ**　ILO　　**エ**　NPO

(3) **資料2**は，生産された商品が消費者に届くまでの流れである，流通について模式的に表したものである。近年，矢印ⓐのような流通だけでなく，矢印ⓑ，ⓒのような流通も増えてきている。三つの流通には，それぞれ利点がある。ⓐと比較したとき，ⓑの流通にはどのような利点があるか，仕入れ，販売の二つの言葉を用いて書きなさい。〈山形〉

資料2

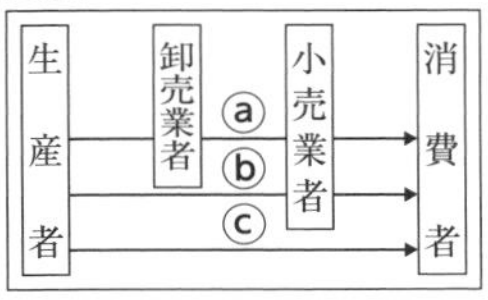

1	(1)		(2)		(3)	
2	(1)		(2)		(3)	
	(4)	→　→　→				
	(5)					
3	(1)		(2)			
	(3)					

3

「仕事をするうえで大切なこと」として、次の□の中から、最も大切だと思うことを一つ選び、あなたの考えを、あとの〔注意〕にしたがって書きなさい。〈三重〉〔30点〕

・協調性
・責任感
・積極性

〔注意〕
①題名は書かずに本文から書き出しなさい。
②何が最も大切だと思うかを最初に示し、その後に、選んだ理由がわかるように書きなさい。
③あなたの考えが的確に伝わるように書きなさい。
④原稿用紙の使い方にしたがい、全体を百六十字以上二百字以内にまとめなさい。

1

(1) 画
(2)
(3)
(4)
(5)

2

(1)
(2)
(3)
(4)
(5)

3

200

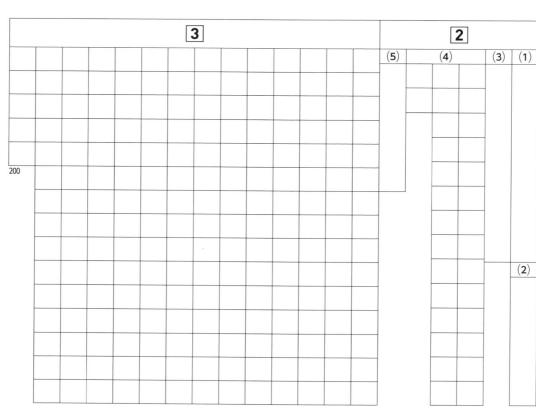

(1) ┅┅部「乾」を楷書《かいしょ》で書いたときの総画数は何画か。数字で答えなさい。〔5点〕

(2) ══部「見せていた」とあるが、この述語に対する主語を、文中から一文節で抜き出して書きなさい。〔5点〕

(3) 〰〰部「穏やかな」と同じ品詞であるものを、**ア**〜**エ**から一つ選び、記号を書きなさい。〔5点〕

ア 校舎を照らした夕日はきれいだった。

イ この時期にしては小春日和で暖かかった。

ウ 君のような人は信頼されるだろうよ。

エ この本は面白くて時間が経《た》つのを忘れる。

(4) ──部①はどういうことか。次の文がその説明となるよう、□に入る適切な表現を、文章中から五字以内で抜き出して書きなさい。〔10点〕

月が□に似ているということ。

(5) ──部②とあるが、このときの「すばる」の気持ちを、文章の内容に即して説明しなさい。〔10点〕

2 次の文章を読んで、あとの問いに答えなさい。〈長崎〉

*1博雅三位《はくがさんみ》の家に、盗人入りたりけり《入った。》。三品、《三位は、》板敷の下に逃げかくれにけり《隠れた。》。盗人帰り、さて後、《その後、》はい出《い》でて家の中をみるに、のこりたる《残された》物なく、みなとりてけり《みな盗み出してしまっていた。》。ひちりき一つを置物厨子《ずし》[*2]にのこしたりけるを、《残していたのを、》三位とりてふかれたりけるを、《お吹きになっていたのを》①出でてさりぬる盗人、はるかに《遠くで》これを聞き《その音色を聞き、》て、感情おさへがたくして、《感情がおさえられなくなって、》帰りきたりていふやう、《語ることには、》「只今《ただいま》の《たったいまの》御ひちりきの音をうけたまはるに、《お聴きすると、》あはれに《趣深く》たふとく候ひて、《高貴な音色でありまして、》悪心みなあらたまりぬ。《悪い心がすっかり改まりました。》とる所の《盗んだ》物どもことごとく《全て》にかへしたてまつるべし《お返しいたしましょう》」といひて、②みな《全て》置きて出でにけり《出て行った》。③むかしの盗人は、又かく《このように、》いうなる心も有りけり。

（『古今著聞集《ここんちょもんじゅう》』より）

（注）*1博雅三位…平安時代中期の貴族。ひちりき（笛）の名手であった。

*2置物厨子…棚。

(1) ┅┅部「みる」の主語を本文から抜き出して書きなさい。〔5点〕

(2) ──部①の意味として最も適切なものを**ア**〜**エ**から一つ選び、記号を書きなさい。〔5点〕

ア 三位の家を出て行った盗人

イ 三位の家に残っていた盗人

ウ 三位の家に戻って来た盗人

エ 三位の家を出ようとした盗人

(3) ══部を現代かなづかいに直して書きなさい。〔5点〕

(4) ──部②とあるが、「盗人」はなぜそのようにしたのか。三十字以内で書きなさい。〔10点〕

(5) ──部③は、この文章に書かれた出来事に対する筆者の感想を述べた部分である。「いうなる心」とはどのような心か。最も適切なものを**ア**〜**エ**から一つ選び、記号を書きなさい。〔10点〕

ア 弱者を憐《あわ》れむ心　**イ** 自然を愛する心

ウ 風流を理解する心　**エ** 物を大切にする心

第2回　国語の総復習テスト

時間……30分　解答→別冊解答26ページ

得点　　／100点

1　「駿馬《しゅま》」は両親の仕事の関係で五歳のときにモンゴルへ移り住み、中学校入学時に帰国し、すおう町へ越してきた。中学二年生の夏、たった一人で小惑星の発見をめざす同級生「すばる」と出会う。次の文章は、「すばる」と一緒に、「駿馬」が生まれて初めて天体望遠鏡で月の観測を行っている場面である。よく読んで、あとの問いに答えなさい。〈山口〉

低いささやき声に引き寄せられるように、ふらふらと望遠鏡に近づいた。

しゃがんで、アイピース*1をのぞきこむ。

――でけえ。

圧倒されてしばらく声も出ない。

なんてロックな眺めなんだろうか。でっかい岩のかたまりって感じ。視野いっぱいに、ちょっとくすんだ銀色の月がみっしりとつまっている。

まだモンゴルに行く前の幼稚園児だったころ、よく手のひらいっぱいの泥だんごをつくって、表面がツルツルになるまでムキになってこすった。一晩外に置いておくと、砂が白く乾いて、ところどころはがれて、昨日は見えなかったデコボコが見えてくる。①それに似ている。

左横から光が当たって、球面の右三分の一ほどが欠けている、その不完全なすがた。きわが真っ黒にニジんでいるせいか、付近の凹凸《おうとつ》がより立体的に見える。泥っぽい水たまりみたいに見える大きな影が、左上から、ひとつ、ふたつ、みっつ。そこに、いくつもの線条がひっかき傷みたいに走っている。上部に浮きあがった無数のクレーターが、月の肌を、雨がふって乾いたあとの砂地のように見せていた。

「いま、あんたは月を上下逆さまに見ている。北東……向かって像の左端から、危機の海、豊かの海、人類がはじめて着陸した静かの海、そして晴れの海。一番大きな影は、本州がすっぽり入る雨の海の、ちょうど半分。今度はクレーターだ。上から、クラビウス、マギヌス、ティコ……特に大きいのがデランドル」

すぐ近くで、穏やかなささやきが聞こえる。聞き逃してしまいそうなほど声が小さいのは、きっと、いま駿馬が見ているものを知っていて、それを邪魔したくないからだ。

この瞬間、手を伸ばして、あのデランドルというクレーターのふちに指先でふれたらどんな感じだろう――。

「何でゆらゆらゆれてんの？」

川底の石を見ているみたいに、月の像がゆれている。

「言っただろ。晴れてても上層に激しい気流があったりすると、星像がゆれて見える。これがさっき言ってた、シーイング*2が悪いってことだ」

悪いと言いながら、②すばるの声は心なしかはずんでいるような気がする。

「けっこういいだろ。望遠鏡って」

（黒川裕子《くろかわゆうこ》『天を掃《は》け』より）

（注）*1アイピース…望遠鏡で、目を付けてのぞきこむ部分。
*2シーイング…天体観測の際に、望遠鏡で見たときの星の像の見え具合。

(1) 傍線部「自分をはじめとした人間を詠み込む」とありますが、A〜Dの短歌のうち、人間を詠み込んだ歌はどれとどれですか。最も適切な組み合わせを**ア**〜**エ**から一つ選び、記号を書きなさい。〔15点〕

ア AとC　**イ** AとD
ウ BとC　**エ** BとD

(2) 次の短歌は、扇畑忠雄《おうぎはたただお》の作品です。あとのア〜エのうち、本文の内容をふまえて、この短歌の特徴を説明したものとして、最も適切なものはどれですか。記号を書きなさい。〔15点〕

桐《きり》の木の高きに＊赭く実は枯れてしぐれ降るなりみちのくのしぐれ

（注）＊赭《あか》く…赤土色のように。

ア この短歌は、定型の規則的なリズムとなっていて、自然の中に人間の生きる姿を重ねながら、桐の木の熟れた赭い実が割れる初冬の冷ややかな情景を詠んでいる。
イ この短歌は、定型の規則的なリズムとなっていて、身近にある自然の姿を題材にし、桐の木の熟し切った赭い実の色が映える梅雨のしっとりした情景を詠んでいる。
ウ この短歌は、字余りの不規則なリズムとなっていて、目に映ったままの自然の姿を捉えながら、桐の木の熟れた赭い実が割れる初冬の冷寒な情景を詠んでいる。
エ この短歌は、字余りの不規則なリズムとなっていて、自然と人間が調和する姿を題材にし、桐の木の熟し切った赭い実の色が映える梅雨の肌寒い情景を詠んでいる。

3 次の文章は、吹奏楽部の部長の挨拶原稿である。傍線の部分の敬語の使い方が正しいものの組み合わせはどれか。あとの**ア**〜**エ**から一つ選び、記号を書きなさい。〈栃木〉〔15点〕

皆様、本日は演奏会に①ご来場くださいまして、ありがとうございます。部員を代表してひとことご②挨拶申し上げます。私たちは、この日のために練習を重ねてきました。その成果をたくさんの方々に披露できることを大変うれしく③お思いになっています。一生懸命演奏しますので、どうぞ私たちの演奏を④お聞きしてください。

ア ①と②　**イ** ①と②と④
ウ ①と③と④　**エ** ②と③

1
(1) a れない　b　c
(2)
(3)
(4)
(5)

2
(1)
(2)

3

う積み重ねによってしか、信頼は生まれない。③安心というのは、なかなか得難《えがた》いものだといえる。

（森《もり》博《ひろ》嗣《し》『悲観する力』より）

（注）＊省エネ…「省エネルギー」の略。エネルギーを効率良く使うこと。

(1) ═部**a**〜**c**について、漢字は読みをひらがなで書き、カタカナは漢字に直しなさい。〔5点×3〕

(2) ——部①と構成が同じ熟語として最も適切なものを**ア**〜**エ**から一つ選び、記号を書きなさい。〔5点〕

ア 読書　**イ** 独立　**ウ** 絵画　**エ** 勝負

(3) [Ⅰ]〜[Ⅲ]にあてはまる語の組み合わせとして最も適切なものを**ア**〜**エ**から一つ選び、記号を書きなさい。〔10点〕

ア Ⅰ 安全　Ⅱ 危険　Ⅲ 危険
イ Ⅰ 危険　Ⅱ 危険　Ⅲ 安全
ウ Ⅰ 安全　Ⅱ 安全　Ⅲ 危険
エ Ⅰ 危険　Ⅱ 安全　Ⅲ 安全

(4) ——部②について、「フェールセーフ以外」の「安全を確保する設計思想」に基づいた例として最も適切なものを**ア**〜**エ**から一つ選び、記号を書きなさい。〔10点〕

ア 転倒すると自動的に電源が切れる電気ストーブ。
イ 一定速度を超えて降下すると緊急停止するエレベーター。
ウ 停電すると蓄電池と自家発電で電源を確保する病院。
エ 吹きこぼれて火が消えるとガスが止まるガスコンロ。

(5) ——部③について、「安心」が「得難い」のはなぜか。次に合う形で、「安全」「信頼」という語を用いて四十字以内で書きなさい。〔15点〕

安心は、[　　　　　]から。

2 次の文章と短歌A〜Dを読んで、あとの問いに答えなさい。（本文中のA〜Dの記号は出題の都合上付けたものです。）〈岩手〉

『古今和歌集』の部立て＊に春、夏、秋、冬という季節があることにも示されるように、季節や天文などの自然をうたうことは短歌の重要なテーマの一つでした。このような自然をうたう名歌を、自然が身近にあり、それを基本的に写生してうたう歌から、必ずしも見たままの自然ではなく、自分をはじめとした人間を詠《よ》み込むなどして多様にうたう歌までを紹介していくことにします。

A　森深く鳥鳴きやみてたそがるる木の間の水のほの明かりかも　島木《しまき》赤彦《あかひこ》

B　枯れ野踏みて帰り来たれる子を抱き何かわからぬものも抱きよす　今井《いまい》恵子《けいこ》

C　開け放つ虫かごよりぞ十方にいきもののがれしたたるみどり　玉井《たまい》清弘《きよひろ》

D　さくらさくあつき谷まに雨降りてしづかにのぼれわたくしのこゑ《エ》　大谷《おおたに》雅彦《まさひこ》

（『鑑賞《かんしょう》　日本の名歌』より）

（注）＊部立《ぶだ》て…全体をいくつかの部門・部類に分けること。

第1回　国語の総復習テスト

時間……30分　解答➡別冊解答27ページ

得点　／100点

1　次の文章を読んで、あとの問いに答えなさい。〈長崎〉

「フェールセーフ」という言葉をご存じだろうか。これは、工学における設計思想の一つであり、「機械は必ず壊れる」「誤操作は必ず起こる」ことを前提として、万が一そうなった場合に安全側に制御する手法あるいは原則のことである。

この「安全側」という表現は聞き[a]ナれないものと思う。たとえば、自動車であれば、コントロール系に障害が発生したときに、自動車が暴走するのではなく、停止するように作動させる設計が、フェールセーフだ。暴走も停止も、走行に対する「障害」であることでは同じだが、「暴走」は危険側であり、「停止」は安全側である、という見方をする。これが工学の基本である。

青と赤の二灯の信号機がある。青が進め、赤が停《と》まれだ。何故二つのランプが[①]必要なのだろうか。常に電気を消費する。たとえば、赤のランプだけにして、これが光っていれば停まれ、消えていれば進め、というシステムにすれば、電力が半分になって省エネ*になる。信号機も簡素になって[b]セイゾウ費も節約できるだろう。一灯で充分な機能の信号機になるのではないか。

現実に、そういった信号機はない。もしランプが切れた場合に、停まらなければならないときにその指示ができず、進めと勘違いされるからだ。これは［Ⅰ］側である。では、青のランプ一灯にすれば良いのだろうか。ランプが切れた場合に、停まれになるから、［Ⅱ］側である。けれども、青のランプが光っていないときに、停止の指示なのか、停電や機械の不具合によって信号機が点灯していないのかが、判別できない。もし、信号機にトラブルが発生しているなら、できるだけ早く察知する必要があるだろう。二灯の信号機の場合、両方が消えていれば、機械の不具合がすぐにわかる分、［Ⅲ］側に設計されているといえる。

[②]フェールセーフ以外にも、安全を確保する設計思想がある。障害が発生した場合、それが[c]致命的な結果を招かないように、補助をする装置を用意しておく。その補助装置に障害があった場合も想定し、さらに別の装置を用意する。安全を確保するために、二重三重に「バックアップ」を用意して備える、という考え方である。この場合も、「障害は発生するものだ」という立場で備えることに変わりはない。

人々は自然の中で生きているが、実際のところ、衣食住など、身の回りにあるもののほとんどは人工の生産品であり、それらの品々すべてが、安全を意識して作られている。だからこそ、今の安全な社会が成り立っている。もちろん、まだまだ不備は多々あり、ときどき事故が起こっているけれど、問題が見つかるごとに反省し、議論し、改善されてきた。昔に比べれば、格段に住みやすくなっていることは確実であり、こうした安全な社会の基本となっているものが、万が一のことを想定して考えられたシステムである。そして、このような安全を維持していくことで「信頼性」というものが生まれてくる。信頼できるから、安心できるのだ。ひとたびトラブルが起こり、安全が脅《おびや》かされると、信頼性が失われることになり、大勢が不安を抱く結果となる。安全を連続的に実現するとい

基礎力確認テスト

／50点

解答→別冊解答28ページ

1 次のA、Bは、いずれも人の成長について述べたことばです。これらのことばを読み、「自分が成長するために」という題で、まとまりのある二段落構成の文章を書きなさい。第一段落には、AとBの二つのことばについて、どのような考えが読みとれるか、書きなさい。それをふまえ、第二段落には、あなたの考えを、自身の体験や見聞きしたことを含めて書きなさい。
ただし、あとの《注意》に従うこと。〈山形〉 〔50点〕

A　成長を欲《ほっ》するものはまず根を確かにおろさなくてはならぬ。上にのびる事をのみ欲するな。まず下に食い入ることを努めよ。
和辻哲郎

B　背伸びして視野をひろげているうち、背が伸びてしまうということもあり得る。それが人生のおもしろさである。
城山三郎

《注意》
◇「題名」は書かないこと。
◇二段落構成とすること。
◇二〇〇字以上、二四〇字以内で書くこと。
◇文字は、正しく、整えて書くこと。

240

基礎問題

解答 別冊解答28ページ

1 条件作文

次のグラフは、十六歳以上の日本人を対象として、「毎日の生活に必要な情報を何から得ているか」を年代別に調査した結果の一部を表している。このグラフを見て気づいたことと、そのことについてのあなたの考えや意見を、あとの条件に従って書きなさい。〈福島〉

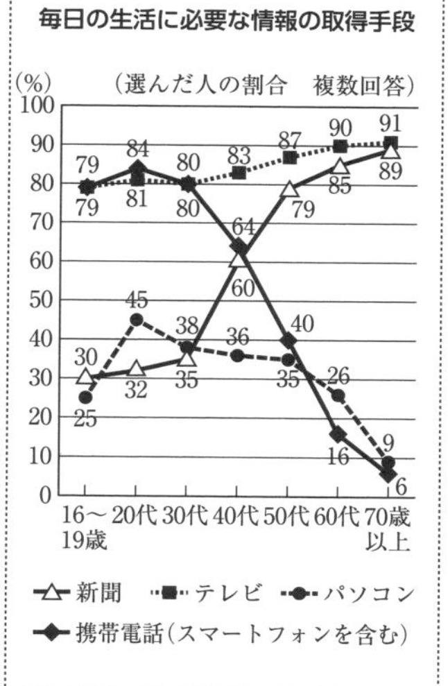

(文化庁「平成27年度　国語に関する世論調査」により作成)

条件

1、二段落構成とし、前段ではグラフを見て気づいたことを書き、後段ではそのことについてのあなたの考えや意見を書くこと。

2、全体を百五十字以上、二百字以内でまとめること。

3、氏名は書かないで、本文から書き始めること。

4、原稿用紙の使い方に従って、文字や仮名遣いなどを正しく書き、漢字を適切に使うこと。

200

学習日　月　日

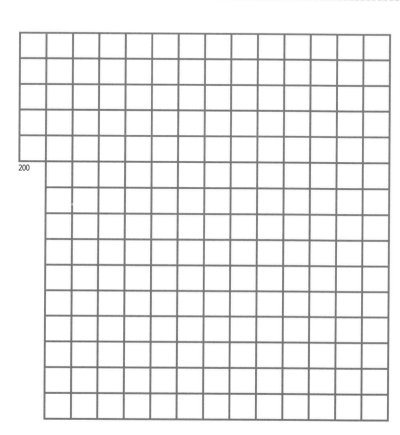

基礎力確認テスト

／50点

解答➡別冊解答29ページ

1 次の文章を読んで、あとの問いに答えなさい。〈岩手〉

日常からちょっとジャンプしてみたいときに、短歌においてよく用いる方法に「比喩《ゆ》」があります。比喩にはいろいろな種類がありますが、中でも最もよく使われているのが、「直喩」と言われる方法です。

直喩は「AのようなB」とか「AはBのようだ」（文語体で表《あら》わすと「AのごときB」「AはBのごとし」）といったかたちを取ります。日々の会話でも「雪のように白い肌」「赤ちゃんの手はもみじのように可愛い」などと言いますね。AとBを同時に提示することで描写にふくらみが出て、作者の思いを想像性豊かに伝える効果があります。

（中略）

みづからの光のごとき明るさをささげて咲けりくれなゐの薔薇《ばら》

佐藤佐太郎《さとうさたろう》『帰潮《きちょう》』

すっきりと整った作品です。くれなゐ（新仮名では「くれない」。紅色のことです）の薔薇は、薔薇そのものが内なる光を発するような明るさで咲いています。ひかり輝くばかりに素敵な人のことを「オーラを発している」と褒《ほ》め讃《たた》えますが、まさに薔薇もオーラの自家発電をしているようです。

（栗木京子《くりききょうこ》『短歌を楽しむ』より）

(1) 傍線部「薔薇そのものが内なる光を発するような明るさ」とありますが、これは、佐藤佐太郎の作品のどこの箇所を説明したものですか。そのまま抜き出して書きなさい。【15点】

〔　　　　〕

(2) 次の短歌では、何が何にたとえられていますか。それを次のように説明するとき、［a］、［b］に入ることばを、作品中のことばを用いてそれぞれ五字で答えなさい。【10点×2】

> らっきょうのような頭を傾けてうんと考えいるなりわが子は
>
> 中川佐和子《なかがわさわこ》

この短歌では、［a］が［b］にたとえられている。

a □□□□□

b □□□□□

2 次の俳句と同じ季節を詠《よ》んだ俳句はどれか。あとの**ア**～**エ**から一つ選び、記号を書きなさい。〈栃木〉【15点】

> スケートの紐《ひも》むすぶ間も逸《はや》りつつ
>
> 山口誓子《やまぐちせいし》

ア 山風にながれて遠き雲雀《ひばり》かな　（飯田蛇笏《いいだだこつ》）

イ 名月や池をめぐりて夜もすがら　（松尾芭蕉《まつおばしょう》）

ウ 音もなし松の梢《こずえ》の遠花火　（正岡子規《まさおかしき》）

エ 淋《さび》しさの底ぬけて降るみぞれかな　（内藤丈草《ないとうじょうそう》）

〔　　　　〕

読解4（詩・短歌・俳句）

学習日　月　日

基礎問題

解答➡別冊解答29ページ

1 詩の読解

■次の詩を読んで、あとの問いに答えなさい。

梅　山村暮鳥《やまむらぼちょう》

ほのかな
深い宵闇《よいやみ》である
どこかに
梅の木がある

どうだい
星がこぼれるやうだ
白梅だらうの
どこに
さいてゐるんだらう

(1) 傍線部《ぼうせんぶ》「星がこぼれるやうだ」に使われている表現技法をア～エから一つ選び、記号を書きなさい。

ア 対句《ついく》　イ 擬人法《ぎじんほう》
ウ 倒置《とうち》　エ 直喩《ちょくゆ》

(2) この詩から読みとれる作者の様子として適切なものをア～エから一つ選び、記号を書きなさい。

ア 暗闇に目を凝《こ》らして梅をさがしている。
イ 星空の下の梅の美しさに感嘆《かんたん》している。
ウ 星と梅の木に囲まれた夜を楽しんでいる。
エ ほのかに色づいた梅の花を見つめている。

(1)〔　　〕
(2)〔　　〕

2 短歌・俳句の読解

■次の短歌と俳句を読んで、あとの問いに答えなさい。

A 金色《こんじき》のちひさき鳥のかたちして銀杏《いちやう》ちるなり夕日の岡《をか》に　与謝野晶子《よさのあきこ》

B 瓶《かめ》にさす藤《ふぢ》の花ぶさみじかければたたみの上にとどかざりけり　正岡子規《まさおかしき》

C 赤い椿《つばき》白い椿と落ちにけり　河東碧梧桐《かわひがしへきごとう》

D 咳《せき》をしても一人　尾崎放哉《おざきほうさい》

(1) Aの短歌は何句切れですか。

(2) Bの短歌は、何句目が字余りになっていますか。漢数字で答えなさい。

(3) Cの俳句から切れ字を抜《ぬ》き出して書きなさい。

(4) Dの俳句のように、形式にとらわれない俳句を何といいますか。三字で答えなさい。

(5) 病床《びょうしょう》にある作者の低い視点から描《えが》かれているものをA～Dから一つ選び、記号を書きなさい。

(1)〔　　〕
(2)〔　　〕句目
(3)〔　　〕
(4) □□□
(5)〔　　〕

／50点

解答→別冊解答29ページ

■次の古文A、漢文Bを読んで、あとの問いに答えなさい。〈宮崎〉

A　大納言《だいなごん》俊明卿《としあきらきやう》（源俊明）、丈六《ぢやうろく》の仏を作らるる（約四・八五mの仏をお作りになる）由《よし》①聞きて、奥州《あうしう》の清衡《きよひら》（藤原清衡）、薄《はく》の料《れう》に（金箔《きんぱく》のために）金を奉《たてまつ》りけるを（献上したが）、②取らずして、返し遣はしけり。人、そのゆゑを問ひければ、「清衡は王地《わうち》を多く押領《あふりやう》して（王土をあちこち不当に占領して）、ただいま（今すぐにも）謀反《むほん》を発《おこ》すべきものなり。その時は追討使《ついたうし》を遣はさむこと（朝廷の敵を追討する使者の派遣をするようなこと）、定め申すべき身なり。これによりて、これを取らず」とのたまへり（おっしゃった）。

（『十訓抄《じっきんしょう》』より）

B　君子ハ防ギ一未然ニ二、不レ処ラ二嫌疑ノ間ニ一。瓜田ニ不レ納レレ履ヲ、李下ニ不レ正サレ冠ヲ。

【書き下し文】
君子《くんし》（すぐれた人）は未然に防ぎ、嫌疑《けんぎ》（疑い）の間《かん》に処《を》らず（いない）。瓜田《くわでん》（瓜のはたけ）に履《くつ》を納《い》れず（はき直さず）、李下《りか》（すもの木の下）に冠《かんむり》を正さず。

（「古楽府《こがふ》」より）

1　古文Aに傍線部①「聞きて」とあるが、「聞いた」のは誰か。最も適切なものを**ア**～**エ**から一つ選び、記号を書きなさい。〔10点〕

ア　大納言俊明卿　**イ**　丈六の仏
ウ　清衡　**エ**　追討使

〔　　〕

2　古文Aに傍線部②「取らずして、返し遣はしけり。」とあるが、なぜか。次の□は、その理由をまとめたものである。（　1　）は古文Aの内容を参考にして十五字以内で書き、ただし、（　2　）は漢文Bの本文から二字で抜き出して書きなさい。〔15点×2〕

俊明は（　1　）であり、金を受け取って、謀反に関係する者という（　2　）をかけられたくないから。

1
2

3　古文A、漢文Bの説明として、最も適切なものを**ア**～**エ**から一つ選び、記号を書きなさい。〔10点〕

ア　古文Aは複数の話から書き手が言動を評価していて、漢文Bは考えと例示を対比して説明している。
イ　古文Aは書き手が出来事を紹介していて、漢文Bは考えを提示した後に例示を並べ挙げている。
ウ　古文Aは出来事と書き手の感想を明記していて、漢文Bは冒頭から例示を重ねて展開している。
エ　古文Aは書き手が話の後に評価を提示していて、漢文Bは冒頭で提示した話題を例示で深めている。

〔　　〕

英語　数学　理科　社会　国語
1日目　2日目　3日目　4日目　5日目　6日目　7日目

読解3（古文・漢文）

基礎問題

解答➡別冊解答29ページ

1 古文の読解

■次の文章を読んで、あとの問いに答えなさい。〈岐阜〉

世間の人の、失《とが》を（自分の欠点を）忘れて人の（他人の）失をのみ見て、人を鏡として我が身を照らす事なきこそ愚かなれ。（映すことがないことは、愚かなことである）人をそしりては、（非難したならば）我が身の失をかへりみる、これ人を鏡とする心なり。（心構えである）人の愚かに拙《つたな》きを見ては、（愚かで思慮分別に欠ける姿を見たら）我れをもまた人のかくのごとく見ん事を思へ。（他人が同じように見るだろうと思いなさい）この人すなはち我が鏡なり。

（『沙石集《しゃせきしゅう》』より）

(1) ＝＝部「かへりみる」を現代仮名遣いに改め、すべて平仮名で書きなさい。

(2) ――部「世間の人」とあるが、作者は世間の人のどのようなあり方に問題があると述べているか。最も適切なものをア～エから一つ選び、記号を書きなさい。

ア 自分の欠点への指摘を恐れて、他人と交わらないこと。

イ 自分が非難されないように、うまく取り繕うこと。

ウ 他人を非難するだけで、自分の欠点を見ないこと。

エ 他人の良いところを、あえて非難しようとすること。

(1)〔　　〕 (2)〔　　〕

2 漢文の読解

■次の漢文と書き下し文を読んで、あとの問いに答えなさい。

①己ノ所ハ不ル欲セ、勿カレレ施スコト二於人ニ一。

【書き下し文】

己《おのれ》の欲《ほっ》せざる所は、②人に施《ほどこ》すこと勿《な》かれ。

(1) 傍線部《ぼうせんぶ》①「己所不欲」に返り点をつけたものとして適切なものをア～エから一つ選び、記号を書きなさい。

ア 己 所二 不 欲一　イ 己二 所 不一 欲

ウ 己レ 所二 不 欲一　エ 己 所レ 不レ 欲

(2) 傍線部②「人に施すこと勿かれ」の意味をア～エから一つ選び、記号を書きなさい。

ア 他人にしてはならない。

イ 行おうとする人はいない。

ウ 人に与《あた》えるのは適切ではない。

エ 自分のしたいことを優先すべきだ。

(1)〔　　〕 (2)〔　　〕

学習日　月　日

基礎力確認テスト

／50点

解答→別冊解答30ページ

■次の文章を読んで、あとの問いに答えなさい。〈栃木〉

〔小学四年生の航輝《こうき》は、船乗りである父と、母、小学一年生の妹莉央《りお》の四人家族である。三か月間の航海から戻った父は、家族と久しぶりの夕食時、陸上勤務への異動が決まったことを告げた。〕

「それで、勤務先は……。」

母が訊《たず》ねると、①父は、それなんだが、とちょっと言いにくそうにした。

「名古屋営業所なんだ。これから一か月で引っ越さなくちゃならない。」

「名古屋！　そんなこと、急に言われても困るじゃないの。どうしてあらかじめ相談してくれなかったのよ。」

「いや、俺もこんなにすぐ陸上勤務になれるとは思ってなかったんだ。ほんのひと月ほど前、試しに異動願を出してみたんだが、まさか即採用されるとはなあ。」

「莉央、転校するの？　いやだ！」

非難がましい母に追従するように、妹の莉央も甲《かん》高い声を発する。

②父はばつが悪そうにビールを一口すすり、後頭部をかいた。

「これから家族で一緒に過ごせること、少しは喜んでもらえると思ってたんだがなあ。」

気まずい沈黙の中、航輝は父にかけるべき言葉を探していた。

母は折に触れ、父が子育てに協力できないことを批判してきた。□性格の父ではあるけれど、そんな母の言葉がまったく耳に入らず、心に刺さりもしなかったとは思わない。父なりに考えて、家族のためを思って行動した結果に違いないのだ。だが——。

「お父さんは、それでよかったの。」

航輝の投げかけた質問に、父はやはり困ったような微笑を浮かべた。

（岡崎琢磨《おかざきたくま》「進水の日」より）

1 傍線部①「父は、それなんだが、とちょっと言いにくそうにした」とあるが、このときの父の心情として最も適切なものを**ア**〜**エ**から一つ選び、記号を書きなさい。〔15点〕

ア 名古屋という新天地で営業の仕事をすることへの心配。
イ 異動によってますます家族から嫌われることへの不安。
ウ 家族の生活を急に変化させてしまうことへのためらい。
エ これから毎日家族と共に時間を過ごすことへの戸惑い。

〔　　〕

2 傍線部②「父はばつが悪そうにビールを一口すすり、後頭部をかいた」とあるが、なぜか。四十五字以内で書きなさい。〔20点〕

3 □に入る最も適切な語はどれか。**ア**〜**エ**から一つ選び、記号を書きなさい。〔15点〕

ア きまじめな　**イ** おおらかな
ウ せっかちな　**エ** さわやかな

〔　　〕

基礎問題

解答→別冊解答30ページ

1 小説の読解

■次の文章を読んで、あとの問いに答えなさい。

〔小さな島に住む少年は、岬《みさき》にある学校に船で通学している。もうすぐ飼育器の卵が孵化《ふか》しそうだという日、強風のために船が出せず、少年は学校を休んだ。〕

その朝、飼育器の卵から、雛鶏《ひなどり》の啼《な》く聲《こえ》が聞こえた。皆《みな》がほかの授業を受けているときは紺野《こんの》先生が見守っている。殻《から》にひびが入ったら、知らせに行くと約束をした。その紺野先生のところへ、無線機を使った通信が入った。

「先生、*ハッチ・アウトはどうです。はじまりましたか。」

島に住む、あの少年である。

「まもなくだよ。」

ちょうど、［　　］が入りはじめたので、紺野先生は①送信機を卵のすぐ近くへおいて生徒たちを呼びに行った。紺野先生が戻《もど》り、ほかの授業をしていた生徒たちが飼育器のまわりに集まったとき、卵の殻にはすでに小さな穴があいていて、雛鶏の嘴《くちばし》の先が見えた。無線機の少年が云《い》う。

「先生、もしかしたら、殻の破れる最初の瞬間《しゅんかん》に立ちあったのはぼくだけですか、」

「そのようだね。聲を聞いたかい、」

「ええ、もちろん。」

②明朗な声が答えた。その場にいた生徒たちが羨《うらや》んだのは云うまでもない。

（長野《ながの》まゆみ『夏帽子《なつぼうし》』より）

（注）＊ハッチ・アウト…孵化。

(1) ［　　］に入る適切なことばを、本文中から二字で抜《ぬ》き出して書きなさい。

(2) 傍線部《ぼうせんぶ》①のように紺野先生がしたのはなぜですか。最も適切なものを**ア**～**エ**から一つ選び、記号を書きなさい。

ア 急いで生徒たちに知らせに行くため。
イ 少年に孵化するときの音を聞かせるため。
ウ 急に卵の孵化がはじまり慌《あわ》てていたため。
エ 少年との会話が終わったため。

(3) 傍線部②に表れている少年の心情として最も適切なものを**ア**～**エ**から一つ選び、記号を書きなさい。

ア 孵化の様子を見ることができない切なさ。
イ 自分がいない間に孵化してしまった悲しみ。
ウ 孵化の瞬間を目で見られなかった悔《くや》しさ。
エ 通信機越《ご》しに孵化の瞬間に立ち合えた喜び。

(1) ［　］［　］

(2) 〔　　〕

(3) 〔　　〕

基礎力確認テスト

／50点

解答→別冊解答30ページ

■次の文章を読んで、あとの問いに答えなさい。〈富山〉

無力な状態から脱し、自分の問題を自分で考えて、責任を負うことができるようになるために、私たちは、「一つの問いに一つの答えがある」という考え方をやめなければならない。物事は、こちらからはこう見えるが、後ろから見ればこんなふうだ、といろいろな補助線を引きながら考えよう。みんなが一方からしか考えられなくなっているときに、別の方向から見ることがたいせつだ。例えば、自分の苦しみを打ち明けて絶望する友人に対して、いやそれだけではない、こういう考え方もある、と別の補助線を示せる①「頼れるやつ」になろう。（中略）

なぜ生きているのか、自分の存在は何なのかという大問題に、答えはない。大昔からみんな考え続けていまだ答えられていないのだから。例えば、心と体の関係はギリシャ以来、二〇〇〇年以上哲学者が考え続けていて、まだその答えは出ていない。それでも大昔からその問題に食らいついて問い続けてきた。その結果として、②いろいろな思想や芸術が生まれ、文化が豊かになってきた。たいせつなのは、問い続けることにある。

自分自身の問題や世の中に起こる出来事は、理由や意味がわからないものがほとんどだ。また、③科学の極限的な問題や、社会生活で重要な問題、生きるうえで重要な問題というのは、ほとんどが複数の解を持っていたり、正解が一つもなかったり、そもそも答えがない、というものばかりだ。［　　］、自分の持っている狭い枠組みの中で無理やり解釈して、わかった気になっても何も解決しないし、とても危ない。必要なのは、わからないことでもこれは大事、としっかりと自分で受けとめて、わからないままにずっと持ち続けることなのだ。（鷲《わし》田《だ》清一《きよかず》「『賢くある』ということ」より）

1 傍線部①「頼れるやつ」とありますが、本文中ではどのような意味で使われていますか。最も適切なものを**ア**～**エ**から一つ選び、記号を書きなさい。〔10点〕

ア 数学的な見方ができる人
イ 観念的な見方ができる人
ウ 多面的な見方ができる人
エ 常識的な見方ができる人

〔　　〕

2 傍線部②「いろいろな思想や芸術が生まれ、文化が豊かになってきた」とありますが、なぜそのようになったと筆者は考えていますか。「答え」ということばを使って、その理由を説明しなさい。〔15点〕

〔　　〕

3 傍線部③「科学の極限的な問題や、社会生活で重要な問題、生きるうえで重要な問題というのは、ほとんどが複数の解を持っていたり、正解が一つもなかったり、そもそも答えがない」とありますが、これと対比される考え方を、本文中から十五字以内で抜き出して書きなさい。〔15点〕

□□□□□□□□□□□□□□□

4 ［　　］に入ることばとして最も適切なものを**ア**～**エ**から一つ選び、記号を書きなさい。〔10点〕

ア または　**イ** だから　**ウ** しかし　**エ** さて　〔　　〕

読解1（論説文）

基礎問題

1 論説文の読解

解答→別冊解答30ページ

■次の文章を読んで、あとの問いに答えなさい。

1 農作物を栽培《さいばい》するときには、毎年、同じ作物を連続して作ると、うまく育たなかったり、枯《か》れてしまったりすることがある。この現象は「連作障害」と呼ばれている。そのため、作物を育てる場所を替《か》えていかなければならないのである。

2 □、田んぼは毎年、同じ場所でイネばかりを作っている。それなのに、どうして連作障害が起こらないのだろうか。

3 連作障害の原因には、作物の種類によって土の中の栄養分を偏《かたよ》って吸収するために、土の中の栄養分のバランスが崩《くず》れてしまうことや、作物の根から出る物質によって自家中毒を起こしてしまうことがある。あるいは、同じ作物を栽培することで、土壌《どじょう》中にその作物を害する病原菌《びょうげんきん》が増えてしまうということがある。

4 ところが、田んぼは水を流している。このことによって、余った栄養分は洗い流され、新しい栄養分が供給される。また、生育を抑制《よくせい》する有害物質も洗い流してくれる。さらには、水を入れたり乾《かわ》かしたりする田んぼでは、同じ病原菌が増加することも少ない。

5 そのため、田んぼでは連作障害が起こらないのである。

6 イネは何千年もの昔から、ずっと同じ場所で作られ続けてきた。これは、世界の農業から見れば、まさに奇跡《きせき》である。

（稲垣栄洋《いながきひでひろ》『イネという不思議な植物』より）

(1) □に入る最も適切なことばを**ア**～**エ**から一つ選び、記号を書きなさい。

ア だから　**イ** ところが
ウ つまり　**エ** なぜなら

(2) 傍線部《ぼうせんぶ》「連作障害」とあるが、なぜ同じ作物を連続して作ると連作障害が起こるのかが述べられている段落をさがし、段落番号を答えなさい。

(3) 田んぼでは連作障害が起こらない理由として、最も適切なものを**ア**～**エ**から一つ選び、記号を書きなさい。

ア イネは偏った栄養吸収をしないから。
イ 毎年イネを植える場所を替えるから。
ウ イネは病原菌のはたらきを抑《おさ》えるから。
エ 田んぼは水を流したり乾かしたりするから。

(4) 筆者は、日本のイネの栽培を何と表現しているか。二字で抜《ぬ》き出して書きなさい。

(1)〔　　〕

(2)〔　　〕段落

(3)〔　　〕

(4) □□

学習日　月　日

基礎力確認テスト

／50点

解答→別冊解答31ページ

1 次の一文はいくつの文節から成っているか。文節の数を書きなさい。〈佐賀〉［7点］

予定よりもずっと早い列車で帰ることになる。

（重松清《しげまつきよし》『南小、フォーエバー』より）

［　　　］

2 次の文について、あとの問いに答えなさい。〈鳥取〉

今日はとてもよい天気になったので、私の妹は近くの公園へ遊びに行った。

1 主語と述語を、それぞれ抜き出して書きなさい。［4点×2］

主語［　　　］　述語［　　　］

2 次の**ア**～**エ**の傍線部のうち、「とても」とは品詞が異なるものを一つ選び、記号を書きなさい。［7点］

ア いつもより少し明るい夜だ。

イ 部屋の外で大きな声を出す。

ウ 空でカラスがカアカア鳴く。

エ 赤ちゃんがにっこりと笑う。

［　　　］

3 次の文中の傍線部「来」の活用形を漢字で書きなさい。〈佐賀〉［7点］

三崎《みさき》さんが、本を借りに来たときのことを言っているのだと思った。

（相沢沙呼《あいざわさこ》『その背に指を伸《の》ばして』より）

［　　　］

4 次の文章中の傍線部「ない」と同じ品詞を含むものを、あとの**ア**～**エ**から一つ選び、記号を書きなさい。〈岐阜〉［7点］

内心では、満吉《まんきち》のひたむきな情熱をかなえてやりたいのだ。だが、現実には、芳太郎《よしたろう》のいう＊亀萬《かめまん》の事情ももっともであるだけに口にできないでいる。

（岡崎《おかざき》ひでたか『魔《ま》の海に炎《ほむら》たつ』より）

（注）＊亀萬…満吉の父である芳太郎が親方として経営する造船所。

ア 間違いがない　**イ** 忘れない

ウ 寒くない　**エ** 頼りない

［　　　］

5 次の文中の傍線部「と」と同じ意味・用法の「と」を、あとの**ア**～**エ**から一つ選び、記号を書きなさい。〈岐阜〉［7点］

皆さんのような年齢になれば、友達同士でキャンプに行こうと、計画を立てることもあるでしょう。

（汐見稔幸《しおみとしゆき》『人生を豊かにする学び方』より）

ア 私は妹といっしょに勉強した。

イ 二人で取り組むと勉強がはかどる。

ウ 姉が帰ってきたと妹が教えてくれた。

エ 姉と妹のどちらも勉強熱心だ。

［　　　］

6 次の文中の（　）に入る正しい敬語表現はどれか。あとの**ア**～**エ**から一つ選び、記号を書きなさい。〈栃木〉［7点］

今度、先生の作品を（　　　）。

ア 見せていただけますか

イ お見せしてもらえますか

ウ ご覧になってもいいですか

エ 拝見なさってもいいでしょうか

［　　　］

2 日目

文法・敬語

基礎問題

解答➡別冊解答31ページ

1 文法の問題

(1) 次の文の文節と単語の数を漢数字で答えなさい。

・弟は、学校から帰ってくるとすぐ机に向かい、張り切って勉強する。

(2) 次の文から主語と述語を抜《ぬ》き出して書きなさい。

・先月、画廊《がろう》で購入《こうにゅう》した風景画を姉が居間の壁《かべ》に飾《かざ》った。

(3) 次の各文の傍線部《ぼうせんぶ》の語が修飾《しゅうしょく》している文節を抜き出して書きなさい。

① 花瓶《かびん》に赤い花を生ける。

② 三時に駅で友達と会った。

(4) 次の文の傍線部の語の品詞名を書きなさい。

・故郷の①豊かな自然を守る②ために③は、あらゆる手を尽《つ》くして④もっと奮闘《ふんとう》しなければと考えた。

(5) 次の文の傍線部の動詞の活用の種類と活用形を書きなさい。

・会場へは十時に行くことになっている。

(1) 文節［　　］ 単語［　　］

(2) 主語［　　］ 述語［　　］

(3) ①［　　］ ②［　　］

(4) ①［　　］ ②［　　］ ③［　　］ ④［　　］

(5) 活用の種類［　　］ 活用形［　　］

(6) 次の文の傍線部の助動詞の意味をあとのア～エから一つずつ選び、記号を書きなさい。

① おいしくていくらでも食べられる。

② 校長先生が皆《みな》の前で話される。

③ お年寄りに道を聞かれる。

④ 楽しかった日々が思い出される。

ア 受け身　イ 可能　ウ 自発　エ 尊敬

(7) 次の文の傍線部「の」の意味をあとのア～ウから一つずつ選び、記号を書きなさい。

・雨①の降る日に、がけ②の近くに行く③のは危険だ。

ア 連体修飾語をつくる　イ 主語を示す　ウ 用言の代用

(6) ①［　　］ ②［　　］ ③［　　］ ④［　　］

(7) ①［　　］ ②［　　］ ③［　　］

2 敬語の問題

(1) 次の各文の傍線部の敬語の種類をあとのア～ウから一つずつ選び、記号を書きなさい。

① 先生がいらっしゃる。　② 家に伺《うかが》う。

③ 明日は行きます。

ア 尊敬語　イ 謙譲語《けんじょうご》　ウ 丁寧語《ていねいご》

(1) ①［　　］ ②［　　］ ③［　　］

学習日　月　日

基礎力確認テスト

／50点

解答 ➡ 別冊解答31ページ

1 次の各文の傍線部を漢字で書きなさい。ただし、必要なものには送りがなを付けること。〈愛媛〉〔4点×4〕

1 ピアノをえんそうする。〔　　〕
2 ゆうびん切手を集める。〔　　〕
3 ほめられててれる。〔　　〕
4 町がさかえる。〔　　〕

2 次の文中の傍線部について、漢字はその読みをひらがなで書き、カタカナは漢字で書きなさい。〈愛知〉〔4点×2〕

1 二勝二敗で迎えた団体戦の勝敗は、最後の選手に委ねられた。
2 先日、宇宙飛行士が自らの体験を語るコウエン会が催された。

1〔　　〕　2〔　　〕

3 「獲得」と同じ構成の熟語を次の**ア**～**エ**から一つ選び、記号を書きなさい。〈岐阜〉〔5点〕

ア 覚悟　**イ** 断続　**ウ** 激突　**エ** 就職

〔　　〕

4 次の行書で書かれた漢字を楷書で書いた場合、部首の画数が三画になるものを**ア**～**オ**からすべて選び、記号を書きなさい。〈鳥取〉〔完答5点〕

ア 宇　**イ** 村　**ウ** 防　**エ** 迫　**オ** 熱

〔　　〕

5 次の――部と‐‐‐部とが反対の意味になるように、あとの**ア**～**オ**の漢字を組み合わせてそれぞれ二字の熟語をつくります。このとき、□に用いない漢字を一つ選び、その記号を書きなさい。ただし、同じ漢字は一度しか用いません。〈埼玉〉〔5点〕

私の提案は、説明が十分ではなかったために班員から□□されてしまった。しかし、根拠を明確にして丁寧に説明を重ねたら、今度は無事に□□を得ることができた。

ア 賛　**イ** 拒　**ウ** 諾　**エ** 否　**オ** 承

〔　　〕

6 次の文中の（　　）にあてはまる最も適切なことばを、漢字一字で答えなさい。〈愛知〉〔5点〕

被災地でボランティアを募っていることを知り、（　　）は急げと応募した。

□

7 次の会話の空欄にあてはまることばを、漢字三字で答えなさい。〈埼玉〉〔6点〕

生徒「言葉の中には、本来の意味と異なって使われているものもあることがわかりました。」
先生「例えばどのような言葉がありましたか。」
生徒「『□』という言葉を辞書で調べてみると、『本人の力量に対して役目が軽すぎる』というのが本来の意味であることがわかりました。私は『役目が重すぎる』という意味で理解していました。」

□□□

漢字・語彙《ごい》

基礎問題

解答➡別冊解答31ページ

1 漢字の問題

(1) 次の傍線部《ぼうせんぶ》の漢字の読みを書きなさい。

① 心身の鍛錬を図《はか》る。

② 果物を搾ってジュースを作る。

(2) 次の傍線部のカタカナを漢字に直し、送りがなが必要なものは、送りがなも書きなさい。

① シャソウから景色を眺《なが》める。

② 別の方法をココロミル。

(3) 次の傍線部のカタカナを漢字に直しなさい。

① 社会情勢にカンシンがある。
② すばらしい作品にカンシンする。

③ 墓に花をソナえる。
④ 防災用品をソナえる。

(4) 次の熟語の成り立ちの説明として最も適切なものをあとのア～エから一つずつ選び、記号を書きなさい。

① 学習　② 反論　③ 遮音《しゃおん》　④ 正誤

ア 意味の似た字の組み合わせ
イ 反対や対《つい》の意味の字の組み合わせ
ウ 上の字が下の字を修飾《しゅうしょく》している
エ 下の字が上の字の目的語になっている

(5) 「霜」を楷書《かいしょ》で書いたときの総画数を、算用数字で答えなさい。〈鹿児島〉

(1) ①［　　］ ②［　　］
(2) ①［　　］ ②［　　］
(3) ①［　　］ ②［　　］ ③［　　］ ④［　　］
(4) ①［　　］ ②［　　］ ③［　　］ ④［　　］
(5) ［　　］画

2 語彙の問題

(1) 次の語の対義語になるように、□に入る漢字一字を答えなさい。

① 理想↔□実　② 自然↔人□
③ 保守↔□新　④ 客観↔□観

(2) 次のことわざの□に入る漢字一字を答えなさい。

① 雨降って□固まる
② 後悔□に立たず

(3) 次の意味を表す慣用句になるように、□に入るからだの一部を表す漢字一字を答えなさい。

（意味）赤字になる。
・□が出る

(1) ①［　　］ ②［　　］ ③［　　］ ④［　　］
(2) ①［　　］ ②［　　］
(3) ［　　］

学習日　　月　　日

中学3年間の総復習 5科

とりはずして使用できる！

別冊解答

実力チャート表　「基礎力確認テスト」の答え合わせをしたら，グラフの自分の得点のところに黒丸を付け，7日分の黒丸を線で結んでみましょう。ニガテな単元がひとめでわかります。

英語

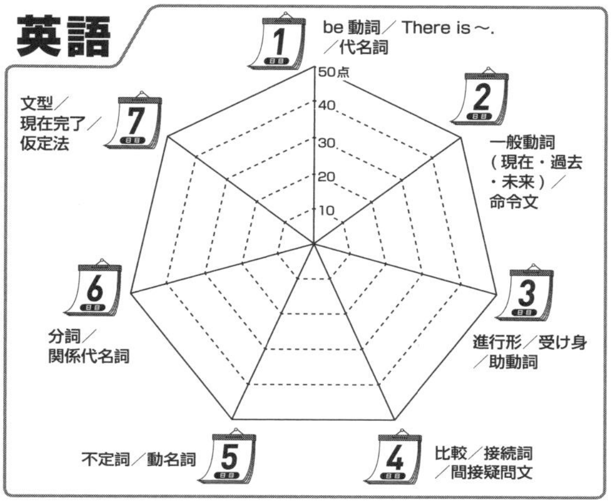

数学

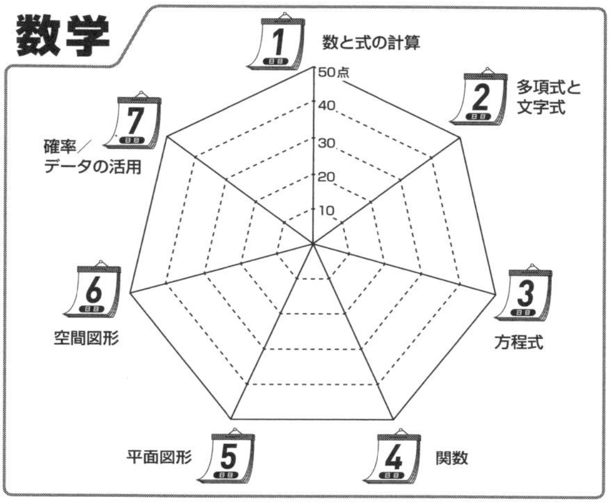

理科

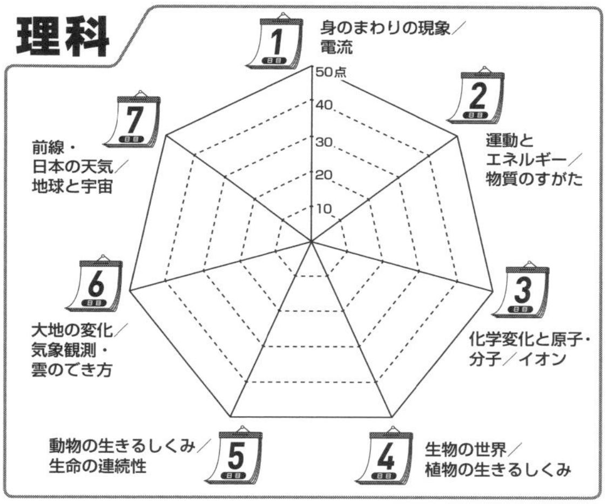

社会

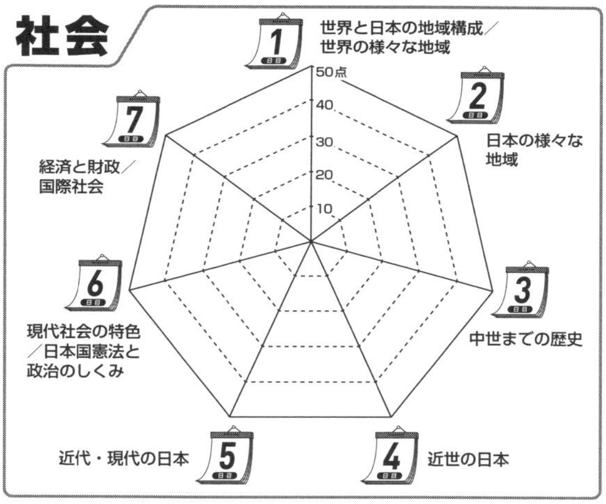

国語

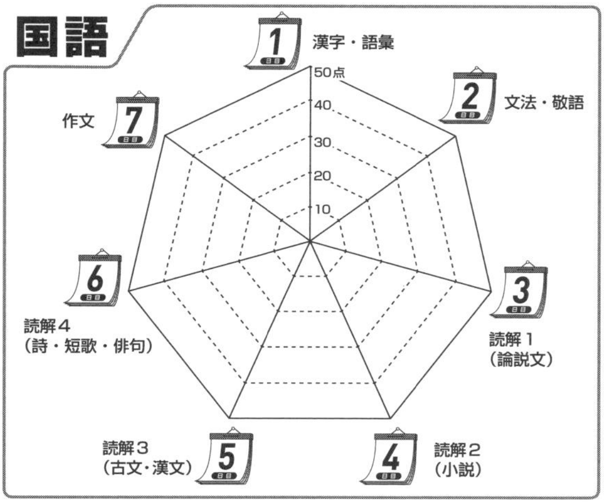

チャート表の見方

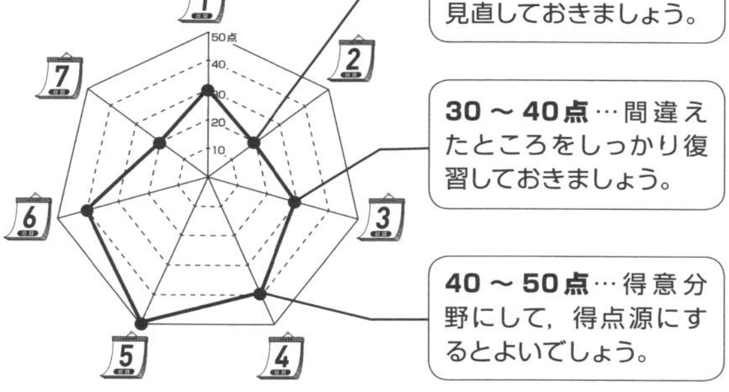
30点未満…教科書や参考書などをもう一度見直しておきましょう。

1日目 be 動詞／There is ～.／代名詞

問題2ページ

基礎問題 解答

1 (1) イ　(2) ア　(3) ウ　(4) ウ
2 (5) Is　(6) are　(7) weren't
3 (8) one　(9) their　(10) mine
(11) It

基礎力確認テスト 解答・解説

1 (1) ア　(2) エ　(3) イ
2 (1) How is the weather in
(2) interesting book about a great scientist
(3) There aren't any Chinese restaurants near
3 (1) Were you busy last week?
(2) How many museums are there in this city?
(3) Is that house hers?

1 (1) 文脈から，bananas and oranges の両方を買うという意味になる。複数を指して「**それら**」は **them** で表す。
(2) 空所の前に複数を表す語(ten)があるので，hour を**複数形**にする。
(3) 選択肢はすべて be 動詞なので，３人称・単数の主語 My dream に適する be 動詞の is を選ぶ。
2 (1)「今日の東京の天気はどうですか」という文にする。**How is the weather in ～?** で「**～の天気はどうですか**」という意味。
(2)「私はある偉大な科学者についての興味深い本を買いました」という文にする。an のあとには**母音**で始まる語を置く。
(3)「ここの近くに中華レストランはありません」という文にする。〈**There aren't[are not] any ＋名詞の複数形～.**〉で「**～は(１つも)ない**」という意味。
3 (1) be 動詞の過去の疑問文。主語は you「あなたたち」なので，be 動詞は **were** を使う。
(2) 疑問詞を使った There are ～. の疑問文。「**いくつ**」とたずねるときは〈**How many ＋名詞の複数形**〉で文を始める。
(3)「**彼女のもの**」は **hers** で表す。疑問文なので be 動詞を主語の前に置く。

2日目 一般動詞(現在・過去・未来)／命令文

問題4ページ

基礎問題 解答

1 (1) plays　(2) took　(3) carried
2 (4) will　(5) going　(6) won't
(7) Are
3 (8) Be　(9) Do　(10) Don't

基礎力確認テスト 解答・解説

1 (1) イ　(2) イ　(3) ウ
2 (1) I'll[I will] practice the piano tomorrow. / I'm[I am] going to practice the piano tomorrow.
(2) I saw the woman in the park yesterday.
(3) When will he visit Canada?
3 (1) do you have any bags for my
(2) Don't be afraid of my dog
(3) Which subject do you like

1 (1) 主語がないので**命令文**だとわかる。careful は形容詞なので，命令文は **Be** で始める。
(2) 過去を表す語句(last night)があるので過去の文。sleep は一般動詞なので，How long のあとは一般動詞の過去の疑問文が続く。
(3) 明日の予定を聞かれているので，未来の文で表す。空所直後に see があるので，１語で未来を表す**助動詞 will** を入れる。
2 (1) 未来のことは **will** か **be going to** を用いて表す。
(2) yesterday「昨日」は過去を表すので，動詞を過去形に。一般動詞 see の**過去形**は **saw**。
(3) next month「来月」は時を表しているので，「いつ～？」とたずねる文にする。When で始めて，あとに will の疑問文を続ける。
3 (1) May I help you? は，「いらっしゃいませ(何かお探しですか)」という意味。「妹にあげる(のによい)バッグはありますか」という一般動詞の疑問文を作る。
(2) 否定の命令文を作る。**be afraid of ～**で「**～を怖がる**」という意味。「私のイヌを怖がらないでください」
(3)〈Which ＋名詞〉で文を始め，あとに一般動詞の疑問文を続ける。「あなたはどの教科がいちばん好きですか」

3日目 進行形／受け身／助動詞

➡ 問題6ページ

基礎問題 解答

1 (1) ウ　(2) イ　(3) ウ
2 (4) taken　(5) loved　(6) were
3 (7) can　(8) should　(9) Must
(10) Shall

基礎力確認テスト 解答・解説

1 (1) ウ　(2) ア　(3) エ
2 (1) He's[He is] listening to music now.
(2) The room was used by them last Sunday.
(3) We had to do our homework yesterday.
3 (1) My sister was writing a letter
(2) don't have to go
(3) students are not allowed to
(4) What sport are you playing

1 (1)「建てられた」という意味の**受け身の文〈be動詞＋過去分詞〉**に。主語が3人称・単数で過去の文なのでbe動詞はwas。
(2) **May I ～?**で「**～してもいいですか**」。
(3) 文脈から受け身の文になるように過去分詞を入れる。singの過去分詞は**sung**。
2 (1) 現在進行形の文は〈**be動詞＋-ing**〉で表す。主語はHeなのでbe動詞はis。
(2) 受け身の文は〈be動詞＋過去分詞〉で表す。「**～によって**」は**by ～**。「その部屋は先週の日曜日に，彼らによって使われました」
(3) 助動詞mustは過去形にできないので，ほぼ同じ意味の**have to ～**を使って過去の文にする。「私たちは昨日，宿題をしなければなりませんでした」
3 (1) 過去進行形の文〈**be動詞の過去形＋-ing**〉。
(2)「私たちは日曜日には学校に行かなくてもよいです」という文にする。**don't have to ～**で「**～しなくてもよい**」という意味。
(3)〈**allow＋人＋to ～**〉で「**人が～することを許す**」という意味。ここでは「人」を主語にした受け身の否定文にする。
(4)「あなたは今，何のスポーツをしていますか」という文にする。〈What＋名詞〉で始めて，現在進行形の疑問文を続ける。

4日目 比較／接続詞／間接疑問文

➡ 問題8ページ

基礎問題 解答

1 (1) newer　(2) most　(3) as
(4) best
2 (5) or　(6) because　(7) that
(8) if
3 (9) who that man is
(10) when the festival will start
(11) where you bought the book

基礎力確認テスト 解答・解説

1 (1) エ　(2) エ　(3) ア
2 (1) was your dream when you were
(2) Do you think it will
(3) know what time it is
3 (1) I'll[I will] go shopping if it's[it is] sunny tomorrow.
(2) Do you like cats better than dogs?
(3) Who is the tallest in this class?

1 (1) It's Tom's.と持ち主を答えているので，「これがだれのお弁当箱か知っていますか」という間接疑問文。「**だれの**」は**whose**で表す。
(2) the，ofから**最上級**の文にすると考える。「私は世界のすべての動物の中で，パンダがいちばんかわいいと思います」
(3) 空所の前は「私は人前で上手に話せない」，あとは「私は音楽を通じて自分の感情を見せることができると思う」と反対の内容なので，逆接の**接続詞but**が適切。
2 (1) **接続詞when**を使って，when you were a child「あなたが子どもだったころ」とする。
(2)「次の週末は雨が降ると思いますか」という文にする。
(3)「あなたは今何時かわかりますか」という文にする。what time「何時」を1つの疑問詞として扱い，間接疑問文を作る。
3 (1)「もし～ならば」と条件を表す副詞節の中は，**未来のことでも現在形**で表す。
(2)「**…より～が好き**」は**like ～ better than …**で表す。
(3) Whoで始まる最上級の疑問文にする。「このクラスで」はinを使って表す。

5日目 不定詞／動名詞

➡ 問題10ページ

基礎問題 解答

1 (1) イ　(2) ウ　(3) ア
2 (4) studying　(5) Eating
(6) drawing　(7) making
3 (8) collecting　(9) told　(10) how
(11) to　(12) make[cook]

基礎力確認テスト 解答・解説

1 (1) ア　(2) ア　(3) エ　(4) エ
2 (1) for me to speak
(2) Taking care of them isn't easy
(3) know what to do as
3 (1) She wants to be an English teacher.
(2) They enjoyed watching[seeing] the soccer game yesterday.
(3) I asked my father to take me to a[the] library.

1 **(1)** 前置詞 by のあとにくる動詞は**動名詞**にする。「～することによって」という意味。
(2) **感情の原因を表す不定詞**（＝不定詞の副詞的用法）を使う。be glad to ～で「～してうれしく思う」という意味。
(3) **〈make ＋人＋動詞の原形〉**で「**人に～させる**」という意味。
(4) **形容詞的用法の不定詞**。things to do は to do が後ろから things を修飾している形。

2 **(1)**「私にとって，たくさんの人の前で話すのは難しい」という文にする。**It is ～ for … to －.** で「**…が－するのは～だ**」という意味。
(2) 動名詞を主語にして，「それらの世話をするのは簡単ではない」という文にする。
(3) **what to ～「何を～すべきか」**を know の目的語にする。as は前置詞で「～として」という意味を表す。「あなたは今日の午後，ボランティアとして何をすべきかわかりますか」

3 **(1)**「**～になりたい**」は，名詞的用法の不定詞を使って **want to be ～**で表す。
(2)「**～して楽しむ**」は **enjoy -ing** で表す。
(3) **〈ask ＋人＋ to ～〉**で「**(人)に～してくれるように頼む**」という意味。「～を…に連れて行く」は take ～ to … で表す。

6日目 分詞／関係代名詞

➡ 問題12ページ

基礎問題 解答

1 (1) イ　(2) イ　(3) ウ
2 (4) who　(5) which　(6) who
3 (7) which[that]　(8) which[that]
(9) that　(10) I

基礎力確認テスト 解答・解説

1 (1) エ　(2) ウ　(3) ア　(4) ウ
2 (1) sitting under the tree is
(2) wonderful movie I have ever watched
(3) My uncle reads a newspaper written in
3 (1) I know a student who[that] likes books.
(2) The man that I helped yesterday is a doctor.
(3) We climbed the mountain covered with snow.

1 **(1)** a shirt made in India で「インドで**作られた**シャツ」という意味にする。
(2) **現在分詞**で many dogs を修飾し，「遊んでいるたくさんのイヌ」とする。
(3)「あなたは上手にギターを弾く人を知っていますか」という文。空所の前が人を表す語なので，**関係代名詞 who** を入れる。
(4)「私は彼によってとられた写真をあなたに見せましょう」という文。**take の過去分詞**を使って a picture を修飾する。

2 **(1)** The girl を sitting under the tree で後ろから修飾する。
(2) **目的格の関係代名詞 which[that] が省略**された文。ever は have と過去分詞の間に置く。
(3) a newspaper を written in English で後ろから修飾する。

3 **(1)** 先行詞を a student とし，**主格の関係代名詞 who[that]** を使う。
(2) 先行詞を The man とし，**目的格の関係代名詞 that** を使う。
(3) 7語という指定から，the mountain を過去分詞で後ろから修飾する形にする。「～でおおわれている」は be covered with ～で表すので，「雪でおおわれたその山」は the mountain covered with snow とする。

7日目 文型／現在完了／仮定法

➔問題14ページ

基礎問題 解答

1 (1) looks　(2) showed　(3) made　(4) named

2 (5) been　(6) finished　(7) playing

3 (8) could　(9) would　(10) lived

基礎力確認テスト 解答・解説

1 (1) イ　(2) イ　(3) エ

2 (1) cousin has never eaten
(2) Watching it made me very excited
(3) She teaches us music

3 (1) I gave my mother some flowers. [I gave some flowers to my mother.]
(2) Has he done his homework yet?
(3) If I were you, I would buy the computer.
(4) What a beautiful sea [ocean]!

1 (1) **tell ～ that ...** は「**～に…ということを話す**」という意味。
(2)「月曜日以来ずっと暖かい」と考え，現在完了を用いる。
(3) **be happy that ～で「～でうれしい」**と that 以下が感情の原因・理由を表す。

2 (1)「私のいとこは以前に一度も日本食を食べたことがありません」という文にする。**現在完了〈have[has]＋過去分詞〉**で表す。never は has と過去分詞の間に置く。
(2) 動名詞を主語にして，「それを見ることは私をとてもわくわくさせました」という文にする。**make A B** で「**A を B にする**」。
(3)「彼女は私たちに音楽を教えます」という文にする。**teach A B** で「**A に B を教える**」。

3 (1)「A に B をあげる」は give A B または give B to A で表す。
(2) 現在完了の疑問文で表す。
(3) **〈If ＋主語＋(助)動詞の過去形 ～，主語＋助動詞の過去形＋動詞の原形 ....〉**で表す。if 節では be 動詞はふつう **were** を使う。
(4)「なんて～な…なのでしょう」は**〈What (a[an])＋形容詞＋名詞(＋主語＋動詞)!〉**で表す。

受験本番に向けた過ごし方①
本書の有効な使い方

限られた時間のなかで効率的に学習するために，**本書で間違えた問題を，目立つように囲んだり，印をつけたりしておくことをおすすめします。**忘れていたり，理解があいまいなところは，教科書やノートを見返して，**ポイントを書き込んでおくとさらによいでしょう。**そうすれば本書が，あなたの弱点を集めた，オリジナルの参考書になります。

これを**本番まで何度も見返し，間違えた問題を解き直してください。**本番にはきっと「これだけ準備したから，もう大丈夫！」「あの問題に似てるな！　何度も見たからできる！」と自信を持って取り組めるはずです。

**間違えた問題は，
合格へのヒント！
本書をとことん
使いこなして，
自信につなげよう！！**

第1回　英語の総復習テスト

➡ 16ページ

解答

1 (1) ウ　(2) ウ　(3) イ　(4) イ　(5) ア

2 (1) places loved by many people who enjoy
　(2) Japanese people working abroad
　(3) How many countries have you

3 (1) borrowed　(2) done　(3) wants　(4) worst

4 (1) エ　(2) ア

5 (1) 1. エ　2. イ　3. ア　4. ウ　(2) 1. ウ　2. イ　3. エ　4. ア

6 ウ

解説

1 **(1)** 直前のman(＝男性)を指すこと，Bの発言にHeとあることから，heの目的格**him**が適切。
(2) 空所の前は「モリーは家に帰ってきてとてもおなかが空いていた」，あとは「夕飯は用意できていなかった」という意味なので，**but**で文をつなぐと意味が通る。
(3) how to 〜で「**〜の仕方**」という意味。「私は昨年，授業でギターの弾き方を学びました」
(4) the，ofから**最上級**の文にする。「ヨシオには2人の兄弟がいて，彼は3人の中でいちばん年下です」
(5) **〈let＋人＋動詞の原形〉**で「**人に〜させる，人が〜するのを許す**」という意味。

2 **(1)** the placesを**過去分詞句**loved by many peopleで修飾し，さらにmany peopleを先行詞として**主格の関係代名詞who**以下で修飾する。「岩手公園はそれらを見ることを楽しむ多くの人々によって愛されている場所の1つです」
(2) Japanese peopleを**現在分詞句**working abroadで修飾する。「私は海外で働いている日本人についてのテレビ番組を見ました」
(3) 語群のhave，文末のvisitedから**現在完了**の文を作ると考える。BはThreeという数と3つの国名を答えているので，How many countriesで文を始め，あとに現在完了の疑問文を続ける。「(今までに)いくつの国を訪れたことがありますか」

3 **(1)**「ええと，昨日だれかがその本を借りました」という文にする。規則動詞のborrow「借りる」を**過去形**にする。
(2)「しかし，あなたは宿題をしましたか」という文にする。**現在完了〈have＋過去分詞〉**で動作の完了を表す。doの過去分詞はdone。
(3)「だれが今日の午後，テニスをしたいのですか」という文にする。**Who**は通常，**3人称単数扱い**で，時制は現在なのでwantsにする。
(4)「レポーターは7年間の中でいちばんひどい台風になるでしょうと言っていました」という文にする。badを最上級の**worst**にする。

4 **(1)** 空所のあとに**But**があるので，空所にはあとの内容の趣旨と反対の文が入る。Butのあとでは手書きのものを読むと，よりうれしいだろうと思っていることが書かれているので，空所には前のAのセリフ「メールのほうが簡単で速い」を認める文が入る。
(2) Aは空港への行き方をたずね，Bが電車で行けると答えている。また，Bの最後の発言で，バスでも行けるがより時間がかかることを言っているので，空所には「ほかの方法はありますか」という文が入る。

5 **(1)**「明日映画に行ってもいい？」→「エだれがあなたと行くの？」→「イ友だちのエリカとハリーだよ」→「いいわ。アいつ帰ってくるの？」→「わからないよ。たぶん6時くらいだと思う」→「わかったわ。ウだけど遅れるなら電話しなさい」
(2)「たくさんの人が待っているよ。ウきっとこのレストランはとてもいいよ。入ってみよう」→「イ長い間待つ時間はないよ」→「エそうだね。あの店で昼食に何か買おうよ」→「アいいよ。それを公園で食べられるね」→「それはいいね」

6 問いの意図は，自分の意見に賛成しなかった人は何と述べたかということ。**ウ**の「皆さんの考えはわかりますが，私は違う意見です」が適切。自分の意見は「制服を着るべき」ということなので，それと同じ主張をしている**ア**，**エ**は不適切。

第2回 英語の総復習テスト

➔ 19ページ

解答

1 (1) イ (2) ア (3) ウ (4) エ (5) ア

2 (1) tell me how to get
(2) show me the dolls you made
(3) I've decided to go to bed before eleven

3 (1) on (2) long (3) written

4 (1) ウ (2) エ

5 (1) is spoken (2) belonged (3) listening

6 (1) ウ (2) Experience is the best teacher.

解説

1 (1) 過去を表す語句 last Sunday があるので be 動詞は**過去形**。主語の your day は3人称単数なので **was**。

(2) 前置詞 **during** 〜の意味は「**(特定の期間)の間じゅう(ずっと)**」という意味。

(3) **〈比較級＋ than any other ＋単数名詞〉**で「**ほかのどの〜よりも…だ**」という意味。「彼は私のクラスのほかのどの男の子よりも速く走ります」

(4) **〈I wish ＋主語＋(助)動詞の過去形〜.〉**で「**〜ならなあ**」と願望を表す。

(5)「〜だから」と理由を表す**接続詞 because** を入れると文意が通る。「母が日本語を私に教えてくれたから，私は日本語が話せます」

2 (1) **〈tell ＋人＋もの〉**の「もの」に how to 〜「〜の仕方」を入れる。「私にそこへの行き方を教えてくれませんか」

(2) **〈show ＋人＋もの〉**の文。the dolls を先行詞として you made を続け，「あなたが作った人形」とする。目的格の関係代名詞が省略された形。「あなたが作った人形を私に見せてくれませんか」

(3) I've があるので，**現在完了の文**にする。decide to 〜で「〜しようと決心する」。「だから私は11時前に就寝することに決めました」

3 (1)「**インターネットで**」は **on** the Internet で表す。

(2) **How long does it take to 〜?** で「**〜するのにどのくらいの時間がかかりますか**」と所要時間をたずねることができる。

(3) **過去分詞**を使った，written by 〜「〜によって書かれた」で the book を修飾する。

4 (1) 空所の前でユウコが明日，野球の試合を見に行かないかとピーターを誘っている。空所のあとでユウコは「そう聞いてうれしいです」と言っているので，**ウ**「もちろん，行きます」と誘いに応じた文が入る。

(2) タクヤの持っている日本の地図ではフランスが左側にあり，エマのフランスの地図では日本が右側にある。空所のあとでエマが「そうですね。私たちは外国の人々はしばしば彼ら自身の方法でものごとを見ているということを覚えておくべきです」と言っている。**エ**「ちがう国で作られれば，地図はちがったものになるでしょう」が適切。

5 (1) 直前の文で「彼(＝カナダ出身の ALT)は英語とフランス語を話せる」と言っている。「フランス語はカナダで話されている」とするのが自然。**受け身の文〈be 動詞＋過去分詞〉**で表す。speak の過去分詞は spoken。時制は現在であり，主語 French は単数なので，be 動詞は is を使う。

(2)「彼は大学のとき，テニス部の一員でした」という文にする。**belong to** 〜で「**〜の一員である**」という意味。過去のことなので過去形にする。

(3)「私は彼の話を聞くのをとても楽しみました」という文にする。**enjoy は目的語に動名詞**をとるので，listening にする。

6 (1) 本文5〜7行目より，**ウ**「昨年ユキコはトマトの栽培がうまくいきませんでした」が適切。**ア**「トマトを食べることは健康によいとユキコは思っています」 **イ**「ユキコの兄は彼女にトマトの栽培法を教えました」 **エ**「ユキコは2年間うまくトマトを栽培しています」

(2) 下線部を含む文は，「私たちの人生で役立つ大事なことをお話しします」という意味。ユキコが伝えたいことは，トマトの栽培を通して自身が学んだ教訓。本文12〜13行目の「経験がいちばんの教師」がこれにあたる。

1日目 数と式の計算

➔ 問題22ページ

基礎問題 解答

1 (1) -2　(2) -31　(3) $5a+2b$
(4) $4x^2$　(5) $5a-2b$　(6) $-3\sqrt{2}$
(7) 21　(8) -9　(9) 1
(10) ± 5　(11) 10個

2 (12) 4，-4(順不同)
(13) $5.5 \leqq a < 6.5$　(14) $n=78$

基礎力確認テスト 解答・解説

1 -4℃

2 (1) $\dfrac{a+17}{12}$　(2) $27y$　(3) $8-2\sqrt{7}$
(4) $5\sqrt{3}$　(5) -15　(6) -3

3 イ　**4** $n=15$

5 (1) $n=6$　(2) $n=1, 6, 9$(順不同)

1 $15-19=-4$(℃)

2 (1) (与式)$=\dfrac{3(3a+1)-2(4a-7)}{12}=\dfrac{a+17}{12}$

(2) (与式)$=\dfrac{12x^2y \times 9y^2}{4x^2y^2}=27y$

(3) (与式)$=7-2\sqrt{7}+1=8-2\sqrt{7}$

(4) (与式)$=3\sqrt{3}+2\sqrt{3}=5\sqrt{3}$

(5) (与式)$=-\dfrac{12}{2}-(-3)^2=-6-9=-15$

(6) (与式)$=(x+2y)(3x+y)$
$=(-3)\times 1=-3$

3 $a<0$，$b<0$ より，ア $ab>0$，イ $a+b<0$，
ウ $-(a+b)>0$，エ $(a-b)^2 \geqq 0$

4 $135=3^3\times 5$ より，$135n$ がある自然数の2乗となるには，n が $3\times 5\times m^2$(m は自然数)であればよい。
よって，最も小さい n の値は，$m=1$ のときだから，$n=3\times 5\times 1^2=15$

5 (1) $\sqrt{24n}=2\sqrt{6n}$ より，$n=6$
(2) $\sqrt{10-n}=\sqrt{m^2}$(m は自然数)より，
$10-n=m^2$，$n=10-m^2$ だから，
$m=1$ のとき，$n=10-1^2=\underline{9}$
$m=2$ のとき，$n=10-2^2=\underline{6}$
$m=3$ のとき，$n=10-3^2=\underline{1}$

2日目 多項式と文字式

➔ 問題24ページ

基礎問題 解答

1 (1) $x^2+2x-48$　(2) $2x^2-7$
(3) $2x$　(4) $(x+2)(x+4)$
(5) $(x+5)(x-6)$　(6) $(x-4)(x+9)$
(7) $(3x+2y)(3x-2y)$
(8) $3(a-4)^2$

2 (9) 23　(10) 2　(11) 200　(12) 2
(13) 29

基礎力確認テスト 解答・解説

1 $b=\dfrac{2m-3a}{7}$

2 $100-6x=y$ ($100-y=6x$, $6x+y=100$)

3 $6a+5b \leqq 1000$

4 ア 6　イ 12　ウ 36

5 (n を整数とし，小さい奇数を $2n-1$ とすると，)大きい奇数は $2n+1$ と表されるので，大きい奇数の平方から小さい奇数の平方をひいた差は，
$(2n+1)^2-(2n-1)^2$
$=4n^2+4n+1-(4n^2-4n+1)=8n$
n は整数だから，$8n$ は8の倍数である。
よって，2つの続いた奇数では，大きい奇数の平方から小さい奇数の平方をひいた差は，8の倍数となる。

1 両辺を入れかえ，両辺に2をかけると，
$3a+7b=2m$
$3a$ を右辺に移項して，$7b=2m-3a$
両辺を7でわって，$b=\dfrac{2m-3a}{7}$

2 (全体の個数)−(配った個数)
=(余った個数)より，$100-6x=y$

3 代金の合計は，$a\times 6+b\times 5=6a+5b$(円)
(代金の合計)$\leqq 1000$ より，$6a+5b \leqq 1000$

4 ア $a=4$，$b=10$ より，$b=a+6$ と表せるので，
アは6
イ $a=4$，$c=16$ より，$c=a+12$ と表せるので，
イは12
ウ $b^2-ac=(a+6)^2-a(a+12)$
$=a^2+12a+36-a^2-12a=36$

5 $8\times$(整数)の形に変形する。

3日目 方程式

問題26ページ

基礎問題 解答

1 (1) ① $x=1$　② $x=9$　③ $x=4$
④ $x=1,\ y=-2$　⑤ $x=2,\ y=1$
⑥ $x=2,\ y=-1$
⑦ $x=2,\ -8$　⑧ $x=-1\pm\sqrt{3}$
⑨ $x=\dfrac{3\pm\sqrt{17}}{2}$

2 (2) $a=16$　(3) $a=7,\ b=-4$
(4) $a=6$

基礎力確認テスト 解答・解説

1 800円　**2** 315円
3 x…20，y…72　**4** 12個
5 $x=10$
6 (求めるまでの過程)

$$x^2+52=17x$$
$$x^2-17x+52=0$$
$$(x-4)(x-13)=0$$
$$x=4,\ 13$$

xは素数だから，$x=4$は問題に適さない。
$x=13$は問題に適する。
(答) $x=13$

1 ハンカチ1枚の定価をx円とすると，
$2000-x\times\left(1-\dfrac{3}{10}\right)\times2=880,\ x=800$

2 昨日のショートケーキ1個の値段をx円とすると，売り上げについて，
$(x-30)\times200\times\left(1+\dfrac{20}{100}\right)=200x+5400$
$x=315$

3 $4x-8=y$と$3x+12=y$を連立方程式として解く。

4 Bの箱からとり出した白玉の個数をx個とすると，Aの箱とBの箱に残った赤玉と白玉の個数の比について，
$(45-2x):(27-x)=7:5,\ x=12$

5 面積について，$(x+4)(x+5)=210$
整理して，　$x^2+9x-190=0$
$(x-10)(x+19)=0$
$x>0$より，$x=10$

6 素数を小さい順に書くと，2，3，5，7，11，13，17，19，23，29，31，37，…となる。

4日目 関数

問題28ページ

基礎問題 解答

1 (1) $y=-2x$　(2) $y=\dfrac{8}{x}$
(3) $\dfrac{1}{2}\leqq y\leqq3$
(4) 8　(5) $3\leqq y\leqq9$　(6) $y=\dfrac{1}{2}x+1$
(7) $(3,\ -1)$

2 (8) 2，-2　(9) 14　(10) -5

基礎力確認テスト 解答・解説

1 エ　**2** $y=-\dfrac{2}{3}x-2$　**3** $a=-2$
4 $a=\dfrac{3}{4}$　**5** $(6,\ 0)$
6 (1) $a=2$　(2) $y=2x+4$　(3) 6

1 ア $y=100-x$　イ $y=\pi x^2$　ウ $y=4x$
エ 面積について，$\dfrac{1}{2}\times x\times y=6,\ y=\dfrac{12}{x}$

2 平行な直線の傾きが等しいから，この直線の式は$y=-\dfrac{2}{3}x+b$と表せる。

3 $\dfrac{(y\text{の増加量})}{(x\text{の増加量})}=$(変化の割合)より，
$\dfrac{a\times5^2-a\times1^2}{5-1}=-12,\ 6a=-12,\ a=-2$

4 $x=2$のとき$y=3$だから，$3=a\times2^2,\ a=\dfrac{3}{4}$

5 直線ABの式を$y=ax+b$とすると，
A$(-3,\ 9)$より，$9=-3a+b$…①
B$(2,\ 4)$より，$4=2a+b$…②
①，②を連立方程式として解くと，
$a=-1,\ b=6$だから，$y=-x+6$

6 **(1)** $2=a\times(-1)^2,\ a=2$
(2) ℓの式を$y=mx+n$とすると，
A$(-1,\ 2)$より，$2=-m+n$…①
B$(2,\ 8)$より，$8=2m+n$…②
①，②を連立方程式として解くと，
$m=2,\ n=4$だから，$y=2x+4$
(3) ℓとy軸との交点をCとすると，
C$(0,\ 4)$より，△AOB＝△OCA＋△OCB
$=\dfrac{1}{2}\times4\times1+\dfrac{1}{2}\times4\times2=6$

5日目 平面図形

問題30ページ

基礎問題 解答

1 (1) 77° (2) 144° (3) 73°
(4) 140°

2 (5) $x=6$ (6) 18 cm^2 (7) $4\sqrt{13}$ cm

基礎力確認テスト 解答・解説

1 右図

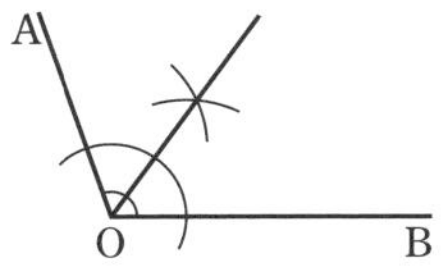

2 140°

3 40°

4 18 cm

5 (証明) △AEFと△CEGにおいて,
平行四辺形の対角線はそれぞれの中点で交わるから，AE＝CE…①
対頂角は等しいから，∠AEF＝∠CEG…②
AD∥BCより，平行線の錯角は等しいから，
∠FAE＝∠GCE…③
①，②，③より，1組の辺とその両端の角がそれぞれ等しいから，
△AEF≡△CEG

6 (証明) △ABCと△EBDにおいて,
共通な角だから，∠ABC＝∠EBD…①
AB：EB＝(6＋4)：5＝2：1…②
BC：BD＝(5＋3)：4＝2：1…③
①，②，③より，2組の辺の比とその間の角がそれぞれ等しいから,
△ABC∽△EBD

2 辺ADと辺ECの交点をFとする。
仮定より，∠ACB＝∠ACE＝20°
AD∥BCより，∠EFA＝∠ECB＝40°
よって，$\angle x=180°-40°=140°$

3 ∠AOB＝140°，∠OAP＝∠OBP＝90°
だから，四角形OAPBで,
∠APB＝360°－(90°×2＋140°)＝40°

4 △ABEで，AE＝2FD＝24(cm)
△FDCで，$\mathrm{GE}=\dfrac{1}{2}\mathrm{FD}=6$(cm)
よって，AG＝24－6＝18(cm)

6日目 空間図形

問題32ページ

基礎問題 解答

1 (1) ア (2) 3本

2 (3) 6 cm (4) $\dfrac{32}{3}\pi$ cm^3
(5) $\dfrac{10}{3}\pi$ cm^3 (6) 144°

基礎力確認テスト 解答・解説

1 $9\sqrt{3}\pi$ cm^3 **2** $\sqrt{109}$ cm

3 (1) $5\sqrt{2}$ cm (2) $15\sqrt{11}$ cm^2

4 (1) 表面積… 9π cm^2，長さ…$\dfrac{17}{3}$ cm
(2) 3：8

1 円錐の底面の円の半径は3 cm，高さは
$3\sqrt{3}$ cmだから，体積は,
$\dfrac{1}{3}\times\pi\times3^2\times3\sqrt{3}=9\sqrt{3}\pi$ (cm^3)

2 ひもの長さが最も短くなるとき，展開図上の線分AHの長さと等しくなるから,
$\sqrt{3^2+(4+2+4)^2}=\sqrt{109}$(cm)

3 (1) $\mathrm{AP}=\sqrt{7^2+1^2}=5\sqrt{2}$(cm)
(2) $\mathrm{AG}=\sqrt{7^2+5^2+6^2}=\sqrt{110}$(cm),
$\mathrm{PQ}=\sqrt{7^2+5^2+(6-1-1)^2}=3\sqrt{10}$(cm)だから,
面積は，$\dfrac{1}{2}\times\sqrt{110}\times3\sqrt{10}=15\sqrt{11}$(cm^2)

4 (1) 立体Xは，半径が$\dfrac{3}{2}$ cmの球になるから,
表面積は，$4\pi\times\left(\dfrac{3}{2}\right)^2=9\pi$ (cm^2)
点Dから辺EFに垂線DGをひくと,
$\mathrm{EG}^2=\mathrm{DE}^2-\mathrm{DG}^2=(2\sqrt{5})^2-2^2=16$
EG>0よりEG＝4だから,
$\mathrm{EF}=\mathrm{EG}+\mathrm{GF}=4+\dfrac{5}{3}=\dfrac{17}{3}$(cm)
(2) 立体Yは円柱と円錐を合わせた立体になるから，立体XとYの体積の比は,
$\left\{\dfrac{4}{3}\pi\times\left(\dfrac{3}{2}\right)^3\right\}:\left(\pi\times2^2\times\dfrac{5}{3}+\dfrac{1}{3}\times\pi\times2^2\times4\right)$
$=\dfrac{9}{2}\pi:12\pi=3:8$

7日目 確率／データの活用

➔ 問題34ページ

基礎問題 解答

1 (1) $\frac{1}{9}$ (2) $\frac{1}{4}$

2 (3) 24m (4) 6m (5) 7点
(6) 18人 (7) およそ90個

基礎力確認テスト 解答・解説

1 $\frac{21}{25}$

2 aの範囲… $3465 \leqq a < 3475$
月の直径… 3.5×10^3km

3 (1) 4 (2) およそ5000個

4 ア，エ

1 少なくとも１回は赤玉が出る確率とは，白玉が１回も出ない確率である。
赤玉を❶，❷，❸，白玉を①，②と表すと，２回とも白玉が出るのは，①①，①②，②①，②②の４通り。
すべての場合の数は，$5 \times 5 = 25$(通り)だから，
求める確率は，$1 - \frac{4}{25} = \frac{21}{25}$

2 一の位を四捨五入したから，
$3470 - 5 \leqq a < 3470 + 5$，$3465 \leqq a < 3475$
上から３桁目を四捨五入すると3500になるから，$3500\text{km} = 3.5 \times 10^3\text{km}$

3 (1) $40 - (2 + 13 + 12 + 9) = 4$
(2) $8000 \times \frac{13 + 12}{40} = 5000$(個)

4 **ア** ５番目と６番目の人が含まれる階級は，Aが60点以上80点未満，Bが40点以上60点未満だから，適する。
イ 最頻値は，度数が最も多い階級の階級値で，Aが70点，Bが50点だから，不適である。
ウ Aが$\frac{2}{10} = 0.2$，Bが$\frac{3}{10} = 0.3$だから，不適である。
エ Aが$(5 + 2 =)$７人，Bが$(2 + 2 =)$４人だから，適する。

過去問活用術①
過去問で出題傾向を知ろう

過去問を解くときは，問題の出題形式や特徴を知ることが大切です。具体的には，**大問や小問はいくつあるか，何問目にどんな問題が出ているか，必ず出る分野や単元はなにか，など**です。

さらに過去問を活用するために，**実際の試験時間を想像しながら，シミュレーションをすることをお勧めします。**「だいたい１問あたり●分だな」「◇問目はひねった問題が出るから，時間をかけよう」「この時間配分なら，■分見直しできるぞ」……，そんなふうに**本番をイメージしておくと，本番でも焦らずに落ち着いて，本来の実力を発揮しやすくなります**よ。

**過去問から出題傾向を知り，
さらに本番のイメージを
膨らませて，
実力を発揮できるように
しよう！**

第1回　数学の総復習テスト

➲36ページ

解答

1 (1) ①-2　②$-9x+2y$　③$8x^3$　④$7x+4$　⑤$2\sqrt{2}$　⑥$-2\sqrt{3}$

(2) $2(x+3)(x-3)$　(3) $x=-3$，$y=4$　(4) $x=\dfrac{-1\pm\sqrt{37}}{2}$

2 (1) 100°　(2) $\dfrac{48}{5}\pi$ cm　(3) $\dfrac{11}{12}$　(4) ① 22.5 m　② 0.2

3 (1) $y=-x+6$　(2) 9

4 (証明) △ABFと△GEBにおいて，
△ABCはAB=ACの二等辺三角形だから，∠ABC=∠ACB…①
$\overset{\frown}{AB}$に対する円周角は等しいから，∠AEB=∠ACB…②
①，②より，∠ABC=∠AEB　すなわち，∠ABF=∠GEB…③
AD∥BEより，平行線の錯角は等しいから，∠AFB=∠GBE…④
③，④より，2組の角がそれぞれ等しいから，△ABF∽△GEB

5 (1) 辺FG，辺GH　(2) 6 cm　(3) $\dfrac{16}{3}$ cm^3

解説

1 (1) ①(与式)$=6-8=-2$
②(与式)$=-4x+12y-5x-10y$
$=-9x+2y$
③(与式)$=\dfrac{14x^2y\times28xy}{49y^2}=8x^3$
④(与式)$=x^2+4x+4-x^2+3x$
$=7x+4$
⑤(与式)$=4\sqrt{2}-3\sqrt{2}+\sqrt{2}=2\sqrt{2}$
⑥(与式)$=3-2\sqrt{3}-3=-2\sqrt{3}$

(2) (与式)$=2(x^2-9)=2(x+3)(x-3)$

(3) 上の式を①，下の式を②とすると，
①×3−②より，$7x=-21$，$x=-3$
①に代入して，$-9+y=-5$，$y=4$

(4) $x=\dfrac{-1\pm\sqrt{1^2-4\times1\times(-9)}}{2\times1}=\dfrac{-1\pm\sqrt{37}}{2}$

2 (1) ∠xの頂点を通りℓに平行な直線をひくと，平行線の同位角は等しいから，
$\angle x=(180^\circ-150^\circ)+70^\circ=100^\circ$

(2) 円の弧の長さと中心角の大きさは比例するから，円Oの周の長さをxとすると，
$x:4\pi=360^\circ:(75^\circ\times2)$，$x=\dfrac{48}{5}\pi$ (cm)

(3) 出た目の数の積が26以上となるのは，
$(a, b)=(5, 6)$，$(6, 5)$，$(6, 6)$の3通りだから，$1-\dfrac{3}{36}=\dfrac{11}{12}$

(4) ①最頻値は，度数が最も多い階級の階級値だから，$\dfrac{20+25}{2}=22.5$ (m)

②$\dfrac{8}{40}=0.2$

3 (1) $y=x^2$に$x=-3$を代入すると，
$y=9$より，A$(-3, 9)$
直線ABの傾きは-1だから，この式を
$y=-x+c$として$x=-3$，$y=9$を代入すると，$c=6$より，$y=-x+6$

(2) △OABのOBを底辺とすると，
B$(0, 6)$よりOB$=6$，高さはA$(-3, 9)$より3
だから，△OAB$=\dfrac{1}{2}\times6\times3=9$

4 長さが示されていないので，相似条件は「2組の角がそれぞれ等しい」となる。

5 (1) 辺AEとねじれの位置にある辺は，辺AEと交わらず，平行でもない。

(2) △DAEは∠A=90°の直角三角形で，△DELも∠E=90°の直角三角形だから，
$\mathrm{DL}=\sqrt{\mathrm{DA}^2+\mathrm{AE}^2+\mathrm{EL}^2}$
$=\sqrt{4^2+4^2+2^2}=6$ (cm)

(3) 辺FGの中点をQとし，点Pから線分MQ上に垂線PRをひくと，
△MPRは直角二等辺三角形になるから，
$\mathrm{PR}=\dfrac{1}{\sqrt{2}}\mathrm{MP}=\dfrac{1}{\sqrt{2}}\times1=\dfrac{\sqrt{2}}{2}$ (cm)
よって，四角錐PAFGDの体積は，
$\dfrac{1}{3}\times$(四角形AFGDの面積)$\times$PR
$=\dfrac{1}{3}\times(4\times4\sqrt{2})\times\dfrac{\sqrt{2}}{2}=\dfrac{16}{3}$ (cm^3)

第2回　数学の総復習テスト

➔ 38 ページ

解答

1 (1) ① 7　② $8a+b$　③ $20a$　④ $-11x+8$　⑤ $\sqrt{3}$　⑥ $7-2\sqrt{10}$

(2) $(a-5)(a+9)$　(3) $x=\dfrac{1\pm\sqrt{13}}{6}$

2 (1) 48°　(2) $\dfrac{7}{8}$

(3) ① $\begin{cases} x+y=365 \\ \dfrac{80}{100}x+\dfrac{60}{100}y=257 \end{cases}$　②男子… 190 人，女子… 175 人　(4) 右図

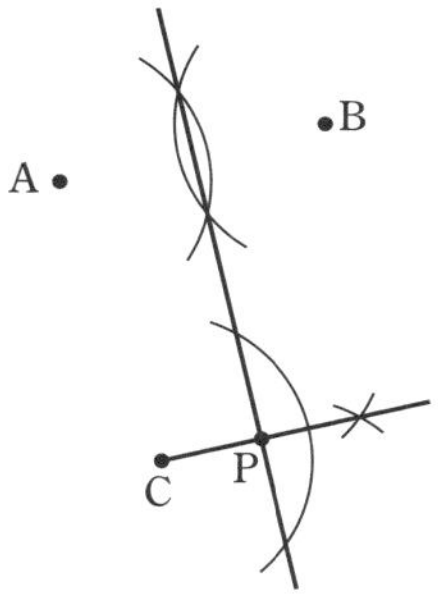

3 $\sqrt{21}$ cm

4 (1) 4　(2) $\left(\dfrac{8}{3},\ \dfrac{64}{9}\right)$

5 （証明）平行四辺形の対角線はそれぞれの中点で交わるから，OA＝OC…①，OB＝OD…②
仮定から，AE＝CF…③
また，OE＝OA－AE，OF＝OC－CF だから，①，③より，OE＝OF…④
②，④より，対角線がそれぞれの中点で交わるから，四角形 EBFD は平行四辺形である。

6 $6+4\sqrt{2}$ (cm)

解説

1 (1) ①(与式) $=4+3=7$
②(与式) $=15a-3b-7a+4b=8a+b$
③(与式) $=\dfrac{25a^2\times 8b}{10ab}=20a$
④(与式) $=x^2-7x+12-(x^2+4x+4)$
$=-11x+8$
⑤(与式) $=2\sqrt{3}-\sqrt{3}=\sqrt{3}$
⑥(与式) $=5-2\sqrt{10}+2=7-2\sqrt{10}$

(2) 2つの数の積が -45 になる数の組のうち，和が4になるのは，-5 と 9 であるから，
(与式) $=(a-5)(a+9)$

(3) $x=\dfrac{-(-1)\pm\sqrt{(-1)^2-4\times3\times(-1)}}{2\times3}=\dfrac{1\pm\sqrt{13}}{6}$

2 (1) ∠BAD＝90°，∠CAD＝∠CBD より，
$\angle x=90°-42°=48°$

(2) 表を○，裏を●とすると，3 枚の表裏の出方は次のようになる。
○○○，○○●，○●○，●○○，
○●●，●○●，●●○，●●●

よって，求める確率は $\dfrac{7}{8}$

(3) ①全体の人数の関係から，
$x+y=365$
運動部に所属している人数の関係から，
$\dfrac{80}{100}x+\dfrac{60}{100}y=257$
②連立方程式を解くと，$x=190$，$y=175$

(4) 点 P は，線分 AB の垂直二等分線と，点 C を通る垂線との交点である。

3 △ABC は∠ACB＝90° の直角三角形だから，
$\mathrm{AC}=\sqrt{5^2-2^2}=\sqrt{21}$ (cm)

4 (1) $x=-4$ を $y=\dfrac{1}{4}x^2$ に代入して，$y=4$

(2) 点 P の x 座標を t とすると，$\mathrm{P}(t,\ t^2)$，$\mathrm{Q}(-t,\ t^2)$，$\mathrm{S}\left(t,\ \dfrac{1}{4}t^2\right)$ と表せるから，

$\mathrm{PQ}=2t$，$\mathrm{PS}=t^2-\dfrac{1}{4}t^2=\dfrac{3}{4}t^2$

よって，PQ＝PS より，$2t=\dfrac{3}{4}t^2$

これを解いて，$t=0,\ \dfrac{8}{3}$

$t>0$ より，$t=\dfrac{8}{3}$

5 四角形 EBFD と平行四辺形 ABCD の対角線の交点が一致することに着目する。

6 右下の図の影をつけた三角形において，
$x=\sqrt{(4+2)^2-(4-2)^2}=4\sqrt{2}$ (cm)
よって，円柱の高さは，
$4+2+4\sqrt{2}$
$=6+4\sqrt{2}$ (cm)

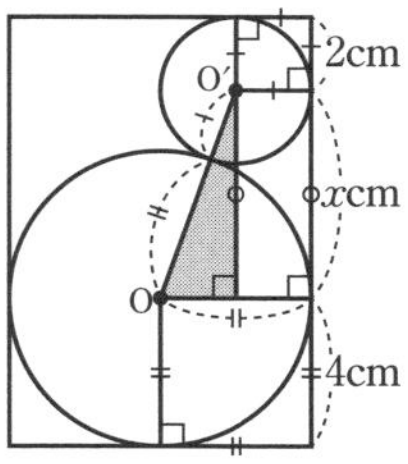

1日目　身のまわりの現象／電流

問題40ページ

基礎問題 解答

1 (1) (光の)屈折　(2) 全反射　(3) 実像
(4) 虚像　(5) フックの法則
(6) 垂直抗力

2 (7) オームの法則　(8) 導体
(9) 電磁誘導　(10) 誘導電流
(11) 交流

基礎力確認テスト 解答・解説

1 (1) ウ　(2) エ　(3) 乱反射

2 (1) 200mA　(2) 20Ω　(3) 2.4V
(4) 500mA　(5) 0.36倍

1 **(1)** 鏡に当たった光は，**入射角＝反射角**となるように進むので，右の図のようになる。

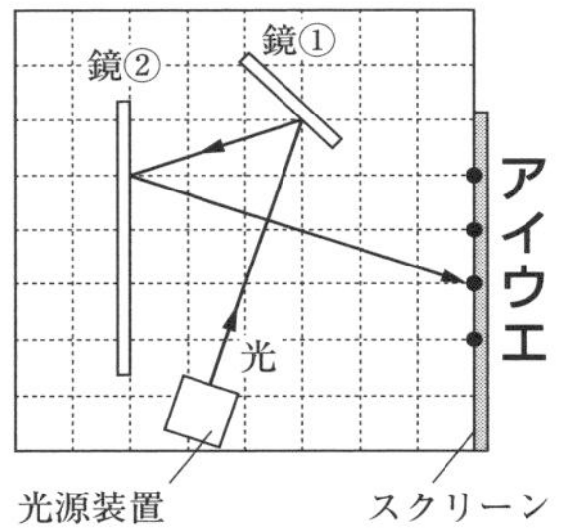

(2) 光がガラス中から空気中へ進むとき，**入射角＜屈折角**となる。

2 **(1)** **電流〔A〕＝$\frac{\text{電圧〔V〕}}{\text{抵抗〔Ω〕}}$** より，**実験1**で 30Ωの抵抗器 **a** に流れる電流は，$\frac{6.0\text{V}}{30\Omega}=0.2\text{A}=200\text{mA}$

(2) 120mA＝0.12A より，**実験2**で回路全体の抵抗は，$\frac{6.0\text{V}}{0.12\text{A}}=50\Omega$　**直列回路の全体の抵抗はそれぞれの抵抗器の抵抗の和**になるので，抵抗器 **b** の電気抵抗は，50Ω－30Ω＝20Ω

(3) **実験2**で，20Ωの抵抗器 **b** には 0.12A の電流が流れるので，抵抗器 **b** の両端に加わる電圧は，20Ω×0.12A＝2.4V

(4) **実験3**で，抵抗器 **a** に流れる電流は 200mA，抵抗器 **b** に流れる電流は $\frac{6.0\text{V}}{20\Omega}=0.3\text{A}=300\text{mA}$ より，200mA＋300mA＝500mA を示す。

(5) **実験2**で抵抗器 **a** が消費する電力は，(6.0－2.4)V×0.12A＝0.432W，**実験3**で抵抗器 **a** が消費する電力は，6.0V×0.2A＝1.2W より，$\frac{0.432\text{W}}{1.2\text{W}}=0.36$　よって，0.36倍。

2日目　運動とエネルギー／物質のすがた

問題42ページ

基礎問題 解答

1 (1) 浮力　(2) 等速直線運動
(3) 作用・反作用　(4) 慣性の法則
(5) 仕事の原理

2 (6) 水上置換法　(7) 溶媒　(8) 再結晶
(9) 融点　(10) 蒸留

基礎力確認テスト 解答・解説

1 (1) 60J　(2) 12N

2 (1) C
(2) 最も多いもの：C　最も少ないもの：A
(3) ①ウ　②イ

1 **(1)** 真上に引き上げたとき，物体に加えた力の大きさは，$1\text{N}\times\frac{2000\text{g}}{100\text{g}}=20\text{N}$　**仕事〔J〕＝力の大きさ〔N〕×力の向きに動いた距離〔m〕**より，20N×3m＝60J

(2) **仕事の原理**が成り立つので，物体を斜面に沿って引き上げる仕事の大きさは 60J である。よって，5m 引き上げるときの引く力の大きさは，$\frac{60\text{J}}{5\text{m}}=12\text{N}$

2 **(1)** 60℃の水 150g に 120g の物質がとけるためには，60℃の水 100g に $120\text{g}\times\frac{100\text{g}}{150\text{g}}=80\text{g}$ 以上とける必要がある。60℃の水 100g にとける物質の質量(**溶解度**)は，物質 **A** は約 37g，物質 **B** は約 58g，物質 **C** は約 109g である。

(2) 20℃のときの溶解度と 40℃のときの溶解度の差が多い物質ほど，多くの結晶が出てくる。

(3) ① 40℃の水 100g にとける物質 **C** の質量は約 64g なので，40℃の水 150g－10g＝140g にとける物質 **C** の質量は，$64\text{g}\times\frac{140\text{g}}{100\text{g}}=89.6\text{g}$

出てきた結晶の質量は，180g－89.6g＝90.4g

② ①の水溶液の質量は，140g＋89.6g＝229.6g

質量パーセント濃度〔%〕＝$\frac{\text{溶質の質量〔g〕}}{\text{溶液の質量〔g〕}}$×100 より，$\frac{89.6\text{g}}{229.6\text{g}}\times100=39.0\cdots$　約 39% である。

3日目 化学変化と原子・分子／イオン

➡ 問題44ページ

基礎問題 解答

1 (1) 熱分解　(2) 発熱反応　(3) 燃焼
(4) 還元　(5) 質量保存の法則

2 (6) 電離　(7) 電池〔化学電池〕
(8) 燃料電池　(9) 中和　(10) 塩

基礎力確認テスト 解答・解説

1 (1) a　MgO　b　C　(2) 約0.59g

2 (1) A　黄色　F　青色　(2) ウ

1 **(1)** ①②で生じた白い粉末は酸化マグネシウムである。マグネシウムのほうが炭素よりも酸素と結びつきやすいので，二酸化炭素中でマグネシウムは**燃焼**する。このとき，二酸化炭素は**還元**されて黒い粉末の炭素(C)になり，マグネシウムは**酸化**されて酸化マグネシウム(MgO)になる。

(2) マグネシウムと結びついた酸素の質量は，4.00g－2.40g＝1.60g　二酸化炭素100gに含まれる炭素原子は27g，酸素原子は73gより，できた黒い粉末の質量をxgとすると，x：1.60＝27：73　x＝0.591…より，黒い粉末は約0.59gできた。

2 **(1)** **BTB溶液**は，**酸性で黄色**，**中性で緑色**，**アルカリ性で青色**になる。うすい水酸化ナトリウム水溶液30cm^3を加えたビーカー**D**の水溶液が中性なので，うすい水酸化ナトリウム水溶液50cm^3を加えたビーカー**F**の水溶液はアルカリ性である。

(2) 実験の間，塩化物イオンの数は変化しないので，ほかの3つのイオンについて考える。加えた水酸化ナトリウム水溶液に含まれる水酸化物イオンは，塩酸に含まれる水素イオンと**中和**するので，水溶液が**中性**になるまでは0。一方，水素イオンの数は減っていくが，その数と加えた水酸化ナトリウム水溶液に含まれるナトリウムイオンの数が等しいので，3つのイオンの数の和は変化しない。ビーカー**A**～**D**の水溶液に含まれるイオンの数は一定になる。中性になったあとは，ナトリウムイオンと水酸化物イオンの数が増加するので，イオンの数がふえていく。

4日目 生物の世界／植物の生きるしくみ

➡ 問題46ページ

基礎問題 解答

1 (1) 柱頭　(2) 被子植物　(3) 単子葉類
(4) 胞子　(5) セキツイ動物
(6) 外骨格　(7) 外とう膜

2 (8) 葉緑体　(9) 対照実験　(10) 道管
(11) 師管　(12) 気孔　(13) 光合成
(14) 蒸散　(15) 葉緑体

基礎力確認テスト 解答・解説

1 (1) ア　(2) ウ

2 (1) (例)水面からの水の蒸発を防ぐため。
(2) (例)葉の気孔の数は葉の表側よりも葉の裏側のほうが多いこと。
(3) 6.5cm^3

1 **(1)** **ルーペは目に近づけて持ち**，動かせるものを観察するときは観察するものを前後に動かし，動かせないものを観察するときはルーペを目に近づけたまま顔を前後に動かす。

(2) **ア**　**顕微鏡は直射日光の当たらない**明るいところに置く。**イ**　観察したいものをさがすときは，視野の広い低倍率の対物レンズを使う。詳しく観察するときは，観察したいものを中央に移動させたあと，レボルバーを回して，視野のせまい高倍率の対物レンズに変える。**エ**　ピントを合わせるときは，まず横から見ながら，プレパラートと対物レンズを**できるだけ近づけたあと**，接眼レンズをのぞきながらプレパラートと対物レンズを**遠ざけていく**。

2 **(1)** 水面から水が蒸発すると，**蒸散**によって減少した水の量が正確にわからない。

(2) **A**では葉の裏側と茎，**B**では葉の表側と茎，**C**では葉の表側と裏側と茎で蒸散が行われている。**A**のほうが**B**よりも水の減少量が多いので，葉の裏側のほうが表側よりもさかんに蒸散が行われている。よって，裏側の気孔の数が多いことがわかる。

(3) 茎からの蒸散量は，**A**＋**B**－**C**＝(裏側＋茎)＋(表側＋茎)－(表側＋裏側＋茎)＝5.2cm^3＋2.1cm^3－6.9cm^3＝0.4cm^3　葉の表側と裏側からの蒸散量の合計は，6.9cm^3－0.4cm^3＝6.5cm^3

5 日目 動物の生きるしくみ／生命の連続性

➔ 問題48ページ

基礎問題 解答

1 (1) アミラーゼ　(2) 赤血球
(3) 組織液　(4) 感覚器官
(5) 中枢神経　(6) 反射

2 (7) 発生　(8) 減数分裂
(9) 顕性形質〔優性形質〕
(10) 分離の法則
(11) DNA〔デオキシリボ核酸〕
(12) 相同器官　(13) 食物連鎖

基礎力確認テスト 解答・解説

1 (1) ア　(2) ①ウ
② (例)脂肪酸とモノグリセリドは再び脂肪となってリンパ管に入る。リンパ管は血管と合流し，脂肪は全身の細胞に運ばれていく。

2 (1) A　(2) エ
(3) 個体Y：Bb　個体Z：bb

1 **(1)** タンパク質は，**すい液**に含まれる**トリプシン**によっても分解される。デンプンは**だ液**やすい液に含まれる**アミラーゼ**，脂肪はすい液に含まれる**リパーゼ**によって分解される。ブドウ糖は，デンプンが**消化酵素**によって分解され，最終的にできるものである。
(2) ①アミノ酸やブドウ糖は，小腸の**柔毛**で吸収されたあと，**毛細血管**に入り，**肝臓**に運ばれ，一時的にたくわえられたりする。

2 **(1)** **減数分裂**によって，**生殖細胞**にある**遺伝子**の数は体細胞の半分になる。
(2) 子の子葉は「すべて黄色」になったので，「黄色」が**顕性形質**，「緑色」が**潜性形質**である。孫に現れた形質は，**顕性形質：潜性形質＝3：1**となるので，孫の個体の中で，子葉が黄色のものは，2001個体×3＝6003個体より，およそ6000個体と考えられる。
(3) 子の草たけは「すべて高い」になったので，「高い」が顕性形質，「低い」が潜性形質である。よって，草たけが低いエンドウの個体**Z**の遺伝子の組み合わせはbbで，個体**Y**と個体**Z**をかけ合わせた結果，草たけが高い個体と低い個体がほぼ同数できたことから，個体**Y**は遺伝子Bとbの両方をもつことがわかる。

6 日目 大地の変化／気象観測・雲のでき方

➔ 問題50ページ

基礎問題 解答

1 (1) 斑晶　(2) 石基　(3) 深成岩
(4) マグニチュード　(5) 主要動
(6) 活断層　(7) 風化　(8) 示相化石
(9) 泥　(10) かぎ層

2 (11) 露点
(12) A　低く〔小さく〕　B　大きく
C　下がる
(13) 気団

基礎力確認テスト 解答・解説

1 (1) 15時22分45秒　(2) 51km

2 (1) ①くもり　②南西　③2　(2) 19℃

1 **(1)** **P波**は，120km－96km＝24kmの距離を，15時23分05秒－15時23分01秒＝4秒で伝わっているので，P波の速さは，$\frac{24\text{km}}{4\text{s}}=6\text{km/s}$
よって，地点**A**で，**初期微動**が始まった時刻(15時23分01秒)の$\frac{96\text{km}}{6\text{km/s}}=16\text{s}$より，16秒前に地震が発生したと考えられる。
(2) **震源**から12kmの地点で**P波**を感知するのは，地震が発生してから，$\frac{12\text{km}}{6\text{km/s}}=2\text{s}$より，2秒後である。**緊急地震速報(警報)**が発表されたのは，地震発生の2s＋5s＝7sより，7秒後。**S波**は，24kmの距離を，15時23分25秒－15時23分17秒＝8秒で伝わっているので，S波の速さは，$\frac{24\text{km}}{8\text{s}}=3\text{km/s}$　緊急地震速報(警報)が発表されてから10秒後，すなわち地震発生の7s＋10s＝17sより，17秒後に**S波**が到着するのは，震源から3km/s×17s＝51kmの地点である。

2 **(2)** 気温24.0℃，湿度が75%より，観測を行ったときの空気1 m^3中の水蒸気量は，21.8g/m^3 $\times\frac{75}{100}=16.35\text{g/m}^3$　この水蒸気量が**飽和水蒸気量**となるときの気温に近い値を表から選ぶ。

7日目 前線・日本の天気／地球と宇宙

問題52ページ

基礎問題 解答

1 (1) A 温暖 B 寒冷 (2) 偏西風
(3) 西高東低(型)

2 (4) (太陽の)日周運動 (5) 黄道
(6) A 西 B 東 (7) 公転
(8) 恒星 (9) 惑星

基礎力確認テスト 解答・解説

1 (1) 記号：エ
前線：気温が急に下がったから。
天気：湿度が高いから。
(2) (例)地表が寒気におおわれ，上昇気流が発生しなくなるから。

2 (1) 夏至 (2) エ

1 (1) 日本付近では，**低気圧**や**前線**は**西から東へ**移動するので，**図1**から寒冷前線が通過したことがわかる。**寒冷前線**が通過すると，地表付近は寒気におおわれて気温が下がる。
また，12時の**湿度**は100%に近いので，天気は雨と考えられる。寒冷前線付近では**積乱雲**が発達するので，強い雨が短時間降る。
なお，**温暖前線**が通過すると，地表付近は暖気におおわれて気温が上がる。
(2) 寒冷前線が温暖前線に追いついて，**閉そく前線**ができる。

2 (1) 北半球で，昼の長さが最も長く，太陽の**南中高度**が最も高いのは，**夏至**である。**冬至**では，昼の長さが最も短く，太陽の南中高度が最も低い。**春分・秋分**では，昼の長さと夜の長さが等しい。
(2) 春分の頃には，地球は真夜中におとめ座が南中する位置にある。このとき，ふたご座は夕方の南の空，いて座は明け方の南の空に見られる。うお座は太陽の方向にあるので見ることができない。

過去問活用術②
過去問で自分の弱点対策をしよう

過去問を解いたら，自分の弱点を見つけることが大事です。間違えた問題を並べてみてください。「英作文の並べ替えで間違えることが多い」「数学の式は合っているのに，計算を間違えている」「グラフの読み取りで見落としがち」など，分野や出題形式にパターンはありませんか。

そうしたパターンは**自分の弱点であり，受験合格のためのカギです。**その弱点が克服できれば，合格がぐっと近づくはずです。

過去問を解くと，点数ばかり気にしてしまいがちですが，本番に解ければいいのです。気持ちを切り替えて準備していきましょう。

**過去問には合格のカギが隠れている！
自分の弱点をみつけ，対策を考え，実行しよう！**

第1回 理科の総復習テスト

➔ 54ページ

解答

1 (1) ①放電 ②イ (2) 875m

2 (1) ウ (2) $CuCl_2 \longrightarrow Cu^{2+}+2Cl^-$ (3) 9個

3 (1) 光合成 (2) 生産者 (3) ア

4 (1) 新生代 (2) 示準化石 (3) ウ (4) 右の図

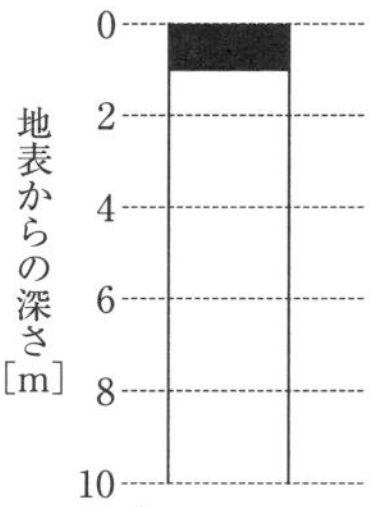

解説

1 **(2)** 汽笛を鳴らし始めてから，岸壁ではね返った汽笛の音が船に届くまでの間に，船は，10m/s×5s=50m 進んでいる。また，この間に汽笛の音は 340m/s×5s=1700m 進んでいる。船が汽笛を鳴らし始めたときの船と岸壁との距離を xm とすると，$x+(x-50)=1700$
$x=875$m

2 **(1)** 原子が電子を失って＋の電気を帯びたものを**陽イオン**，原子が電子を受けとって－の電気を帯びたものを**陰イオン**という。

(2) 塩化銅($CuCl_2$)は水にとけて，陽イオンの銅イオン(Cu^{2+})と陰イオンの塩化物イオン(Cl^-)に**電離**する。このときに生じる銅イオンと塩化物イオンの数の比は 1：2 となる。

(3) 原子の中の**陽子**の数と**電子**の数は等しいので，銅原子1個のもつ電子の数は 29 個，銅原子が電子を2個失ってできる銅イオンの電子の数は 29 個－2 個＝27 個。塩素原子1個のもつ電子の数は 17 個，塩素原子が電子を1個受けとってできる塩化物イオンの電子の数は 17 個＋1 個＝18 個。よって，電子の数の差は，27 個－18 個＝9 個

3 **(1)** 植物は，光のエネルギーを利用して，二酸化炭素と水からデンプンなどの栄養分をつくり出す。このはたらきを**光合成**といい，このとき酸素を放出する。

(2) 植物のように，自ら有機物をつくり出すことができる生物を**生産者**，動物のように，ほかの生物から有機物を得る生物を**消費者**という。また，生物の死がいや排出物から栄養分を得ている生物を**分解者**という。

(3) 植物を食べる生物 A の数量が急激に減少すると，食べられる数量が減少し，植物の数量は増加する。また，生物 A を食べる生物 B はえさとなる生物 A の数量が減少するので，数量が減少する。

4 **(1)** ビカリア以外に，ナウマンゾウやメタセコイアなどが**新生代**の**示準化石**である。

(2) 広い範囲に分布し，ある時期にだけ栄えた生物の化石が示準化石になる。

(3) ふつう，地層は**下にあるものほど古い**ので，X(泥の層)，Y(砂の層)，Z(泥の層)の順に堆積したと考えられる。
粒の大きいものほど海岸に近いところに堆積し，沖に向かうほど粒の小さいものが堆積するので，泥の層のほうが砂の層よりも沖のほうに堆積している。よって，X 層が堆積してから Y 層が堆積する間に大地が**隆起**し，Y 層が堆積してから Z 層が堆積する間に大地が**沈降**したと考えられる。

(4) 火山灰の層の上の面の標高は，A 地点では 200m－8m＝192m，B 地点では 194m－3m＝191m なので，南の方向に 192m－191m＝1m 低くなっている。C 地点の火山灰の層の上の面の標高は D 地点より 1m 低いので，D 地点では 196m－3m＝193m より，193m－1m＝192m になる。

第2回　理科の総復習テスト

➔ 56ページ

解答

1 (1) ア　(2) 50cm/s

2 (1) (例)出てくる蒸気〔気体〕の温度をはかるため。　(2) ア　(3) ①2　②3

3 (1) エ　(2) オ

4 (1) (例)金星は地球より内側を公転するため。〔金星は内惑星だから。〕
(2) 月：A　金星：c　(3) エ　(4) G

解説

1 (1) 打点の間隔がしだいに大きくなっているので，台車の速さはしだいに速くなったことがわかる。

(2) 記録タイマーが6打点するのにかかった時間は，$1\,\mathrm{s} \times \dfrac{6\text{打点}}{60\text{打点}} = 0.1\,\mathrm{s}$　**平均の速さ〔cm/s〕**$= \dfrac{\text{移動距離〔cm〕}}{\text{かかった時間〔s〕}}$ より，$\dfrac{5.0\,\mathrm{cm}}{0.1\,\mathrm{s}} = 50\,\mathrm{cm/s}$

2 (2) マッチの火をつけたとき，試験管A，Bの液体は燃えたが，試験管Cの液体は燃えなかったので，試験管Aの液体のほうが試験管Cの液体よりもエタノールを多く含んでいることがわかる。エタノールの**密度**は$0.79\,\mathrm{g/cm^3}$，水の密度は$1.00\,\mathrm{g/cm^3}$なので，エタノールを多く含む液体ほど密度が小さいことがわかる。

(3) 炭素原子は左辺に2個あるので，右辺も2個になるように，①に2を入れる。また，水素原子は左辺に6個あるので，右辺も6個になるように②に6個÷2個＝3を入れる。酸素原子の数を確認すると，左辺に1個＋3×2個＝7個あり，右辺に2×2個＋3個＝7個となっている。よって，エタノールの燃焼の化学反応式は，次のようになる。

$$C_2H_6O + 3\,O_2 \longrightarrow 2\,CO_2 + 3\,H_2O$$

3 (1) 子葉が1枚の**単子葉類**の葉脈は平行(**平行脈**)で，根はたくさんの**ひげ根**からなる。子葉が2枚の**双子葉類**の葉脈は網目状(**網状脈**)で，根は**主根と側根**からなる。

(2) トウモロコシとツユクサは**単子葉類**，マツは**裸子植物**，ゼンマイは**シダ植物**である。

4 (1) 金星と水星は，地球より内側を公転する**内惑星**で，明け方か夕方にしか見ることができない。それに対して，火星，木星，土星，天王星，海王星は，地球より外側を公転する**外惑星**で，真夜中に見えることもある。

(2) 問題の図において，地球の右側が明け方の位置である。このときの方角は，右の図のようになる。

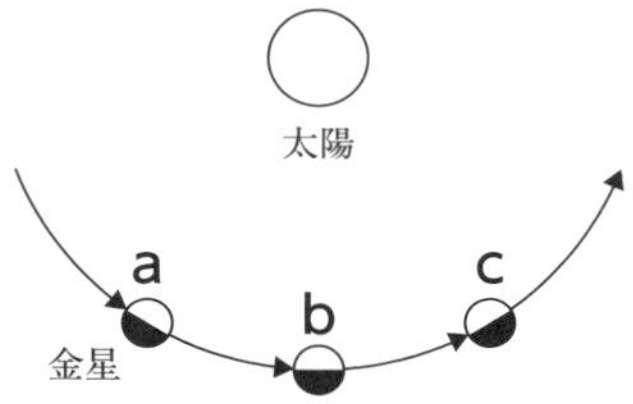

(3) 地球は，1年後には約360°**公転**してもとの位置にある。一方，金星は1年後には$360° \times \dfrac{1\text{年}}{0.62\text{年}}$$= 580.6\cdots$より，約581°公転しているので，もとの位置(c)よりも581°－360°＝221°公転している。よって，問題の図で，太陽の左側にあるので，夕方，西の空に見られる。

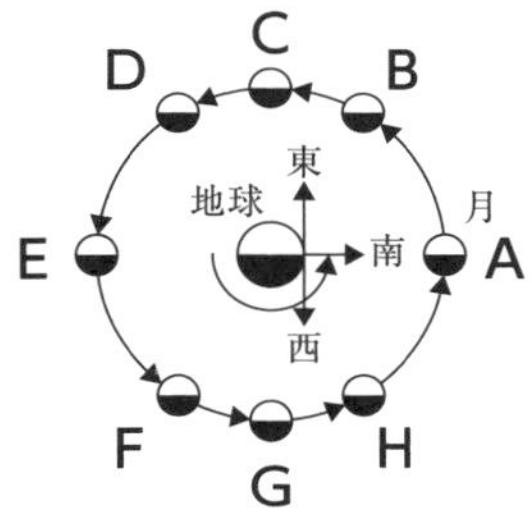

(4) 太陽－地球－月の順に一直線に並んだときに，月が地球の影に入る**月食**が起こる。また，太陽－月－地球の順に一直線に並んだときに，太陽が月にかくされる**日食**が起こる。

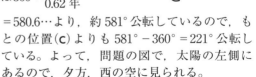

1日目 世界と日本の地域構成／世界の様々な地域

問題58ページ

基礎問題 解答

1 (1) ユーラシア大陸　(2) 太平洋
(3) 赤道　(4) 排他《はいた》的経済水域
(5) A：東北地方　B：近畿《きんき》地方
2 (6) 熱帯　(7) 焼畑《やきはた》農業　(8) イスラム
3 (9) 経済特区　(10) ユーロ
(11) レアメタル〔希少金属〕
(12) サンベルト
(13) バイオエタノール〔バイオ燃料〕
(14) アボリジニ

基礎力確認テスト 解答・解説

1 (1) ヒスパニック　(2) アマゾン川
(3) ア　(4) ウ　(5) モノカルチャー経済

1 (1) X国はアメリカ合衆国。アメリカ合衆国は多くの移民によって経済が支えられている。**スペイン語**圏からの移民である**ヒスパニック**は，アメリカ合衆国の総人口の18.5％(2019年)をしめている。
(2) Yの河川は，流域面積が世界最大の**アマゾン川**。流域に広がる**熱帯林〔熱帯雨林〕**は，開発にともなって，急速に失われている。
(3) Cの都市は，マレーシアの首都クアラルンプール。**赤道**の近くに位置するので，その気候帯は，１年じゅう気温が高く，年間降水量が多い**熱帯**である。**表1**の，年平均気温が高い**ア**・**イ**のうち，降水量がより多い**ア**があてはまる。Aは**温帯**で**ウ**，Bは**乾燥帯**で**イ**，Dは**冷帯〔亜寒帯〕**で**エ**があてはまる。
(4) **標準時子午線**の経度差が**15度**で，**1時間の時差**になる。日本とサンフランシスコの標準時子午線の経度差は255度なので，時差は17時間になる。日本のほうが時刻が進んでいるので，サンフランシスコは1月6日午後1時の17時間前の1月5日午後8時である。
(5) P国はガーナ，Q国はザンビア，R国はエチオピア。いずれもアフリカの国で，**表2**より，特定の鉱産資源または農産物の輸出が高い割合をしめていることがわかる。**モノカルチャー経済**は，世界経済の動向の影響を受けやすく，不安定な経済である。

2日目 日本の様々な地域

問題60ページ

基礎問題 解答

1 (1) フィールドワーク　(2) 茶畑
2 (3) 日本アルプス　(4) 扇状地《せんじょうち》
(5) 対馬《つしま》海流
(6) 防災マップ〔ハザードマップ〕
(7) 再生可能エネルギー　(8) 促成《そくせい》栽培
(9) 太平洋ベルト
3 (10) カルデラ　(11) 広島(市)
(12) 中京工業地帯　(13) 夜間
(14) やませ
(15) アイヌの人々〔アイヌ民族〕

基礎力確認テスト 解答・解説

1 (1) イ　(2) エ　(3) 三重県　(4) エ

1 (1) 鳥取は**日本海側の気候**で冬の降水量が多い**ア**，潮岬は**太平洋側の気候**で夏の降水量が多い**ウ**，大阪は**瀬戸内の気候**で降水量が最も少ない**エ**となる。彦根は残った**イ**となる。
(2) 中部地方には，**日本アルプス**とよばれる，**飛驒《ひだ》山脈**，**木曽《きそ》山脈**，**赤石《あかいし》山脈**の3000m級の高山が連なる３つの山脈があるので，**エ**があてはまる。**ア**は九州地方，**イ**は近畿地方，**ウ**は東北地方である。
(3) 最も人口が多い**イ**は大阪府，その次に人口が多い**ウ**は京都府となる。残った**ア**は，**エ**よりも人口が多く，第２次産業(鉱工業など)の人口の割合が高いので，**名古屋大都市圏**や**中京工業地帯**に含まれる三重県となる。**エ**は和歌山県である。
(4) Aは，**グラフ2**の半分以上を占め，日本なしの生産量が多いことから，千葉県となる。千葉県浦安市には，年間入場者数が日本最大のテーマパークがある。千葉県の形は**エ**である。**ア**は茨城県，**イ**は神奈川県，**ウ**は埼玉県である。

3日目 中世までの歴史

➔ 問題62ページ

基礎問題 解答

1 (1) メソポタミア文明　(2) 殷《いん》

2 (3) 土偶《どぐう》　(4) 卑弥呼《ひみこ》

(5) 渡来人《とらいじん》　(6) 租《そ》　(7) 鑑真《がんじん》

(8) 征夷大将軍《せいいたいしょうぐん》　(9) 平清盛《たいらのきよもり》

(10) 御成敗式目《ごせいばいしきもく》〔貞永《じょうえい》式目〕

(11) フビライ〔フビライ・ハン〕

(12) 南北朝時代　(13) 惣《そう》〔惣村〕

基礎力確認テスト 解答・解説

1 (1) ア　(2) (例)大和《やまと》政権〔ヤマト王権〕の勢力は，九州中部から関東地方までおよんでいた。　(3) 法隆寺《ほうりゅうじ》　(4) 戦い：白村江《はくすきのえ》の戦い　理由：百済《くだら》の復興を助けるため。

白村江《はくそんこう》

(5) 大宰府《だざいふ》　(6) 藤原道長《ふじわらのみちなが》　(7) ウ

(8) 馬借《ばしゃく》

1 (1) **吉野ヶ里《よしのがり》遺跡**は，二重のほりで囲まれた**弥生《やよい》時代**の集落の跡で，佐賀県にある。

(2) **大和政権〔ヤマト王権〕**の勢力範囲は，江《え》田船山古墳《たふなやまこふん》のある九州中部から，稲荷山《いなりやま》古墳のある関東地方まで広がっていたと考えることができる。

(3) 飛鳥《あすか》時代に発達した仏教文化は，**飛鳥文化**である。現存する世界最古の木造建築とされるのは，**聖徳太子《しょうとくたいし》**が建てた**法隆寺**である。

(4) 日本は**白村江の戦い**に敗れ，**中大兄皇子《なかのおおえのおうじ》**〔天智《てんじ》天皇〕は唐《とう》・新羅《しらぎ》の侵攻《しんこう》に備えて西日本の防備を固めた。

(5) 大陸に近い九州北部に置かれ，外交・防衛を担当したのは，**大宰府**である。

(6) 平安時代に**摂関《せっかん》政治**を行ったのは藤原氏。「この世をば…」の歌をよみ，**摂関政治**の全盛期をきずいたのは**藤原道長**である。

(7) 踊念仏《おどりねんぶつ》によって**時宗《じしゅう》**を広めたのは**一遍《いっぺん》**。アの**法然《ほうねん》**は**浄土《じょうど》宗**，イの**日蓮《にちれん》**は**日蓮宗〔法華《ほっけ》宗〕**，エの**栄西《ようさい》**は**禅宗《ぜんしゅう》**の**臨済《りんざい》宗**を広めた。

(8) 室町《むろまち》時代《えいさい》には，**問《とい》**とよばれる，運送業をかねた倉庫業者も活動した。

4日目 近世の日本

➔ 問題64ページ

基礎問題 解答

1 (1) (クリストファー・)コロンブス

(2) (フランシスコ・)ザビエル

(3) 楽市《らくいち》・楽座《らくざ》　(4) 兵農分離

(5) 千利休《せんのりきゅう》

2 (6) 武家諸法度《ぶけしょはっと》　(7) オランダ

(8) 元禄《げんろく》

(9) 公事方御定書《くじかたおさだめがき》　(10) 田沼意次《たぬまおきつぐ》

(11) 日米和親条約

基礎力確認テスト 解答・解説

1 (1) 織田信長《おだのぶなが》

(2) 江戸《えど》：A　大阪：C　京都：B

(3) ①ア　②エ

2 (1) 藩《はん》　(2) (例)江戸から遠い地に配置されており，警戒される存在であった。

1 (1) 室町《むろまち》幕府の最後の将軍である足利義昭《あしかがよしあき》を京都から追放し，琵琶湖《びわこ》の近くに**安土城《あづちじょう》**を築いた大名《だいみょう》は，**織田信長**である。

(2) 江戸は，**参勤交代《さんきんこうたい》**で全国から武士が集まったので，武家地の割合が高い**A**である。大阪は，全国から物資が集まり，「**天下の台所**」とよばれた商業地であったので，町人地の割合が高い**C**である。京都には朝廷《ちょうてい》があり，公家《くげ》が多く住んだので，公家地がある**B**である。

(3) 江戸幕府８代将軍の**徳川吉宗《とくがわよしむね》**は，**鎖国《さこく》**体制のもとで制限されていた洋書の輸入制限を緩和した。輸入が許されたのは，キリスト教に関係のない，漢訳の技術書や実用書であった。その後，オランダ語でヨーロッパの学問や文化を学ぶ**蘭学《らんがく》**がさかんになった。

2 (1) 江戸時代には，幕府と**藩**の力で全国の土地と人民を支配する**幕藩体制**がとられた。

(2) **外様《とざま》大名**は，徳川氏に従った時期が**譜代《ふだい》大名**よりも遅く，また，薩摩《さつま》の島津《しまづ》氏や加賀《かが》の前田《まえだ》氏，仙台《せんだい》の伊達《だて》氏などのように石高《こくだか》の大きい大名が多く，江戸幕府によって警戒されていた。そのため，江戸から比較的離れた場所に配置された。

5日目 近代・現代の日本

➡ 問題66ページ

基礎問題 解答

1 (1) 現金〔貨幣〕 (2) 文明開化
(3) 陸奥宗光《むつむねみつ》 (4) ロシア
(5) 八幡《やはた》製鉄所 (6) ガンディー
(7) 民本《みんぽん》主義 (8) シベリア
(9) ブロック経済 (10) 二・二六事件
(11) 国家総動員法 (12) 自作農

基礎力確認テスト 解答・解説

1 (1) ア→ウ→イ→エ (2) 説明：(例)満25歳以上の男子がもつこととされた。
記号：イ (3) ア (4) 日中共同声明

1 (1) アの**五箇条《ごかじょう》の御誓文《ごせいもん》**が発布されたのは1868年。イの**民撰《みんせん》議院設立建白書**の提出は1874年。ウの**版籍奉還《はんせきほうかん》**が行われたのは1869年。エの**内閣制度**ができたのは1885年。
(2) 1925年の**普通《ふつう》選挙法**では，それまでの納税額による制限が撤廃《てっぱい》され，**満25歳以上のすべての男子**に選挙権を認めた。このときの内閣は，加藤高明《かとうたかあき》を内閣総理大臣とする**政党内閣**であった。アの原敬《はらたかし》は，1918年に最初の本格的な政党内閣をつくった内閣総理大臣。ウの寺内正毅《てらうちまさたけ》は，米騒動《こめそうどう》が起きたときの内閣総理大臣。エの**犬養毅《いぬかいつよし》**は，1932年の**五・一五事件**で海軍の将校に暗殺された内閣総理大臣。
(3) アの民法の改正は，Cの時期の戦後改革の一環として行われた。イの**高度経済成長**は，1950年代の後半から1970年代の前半まで続いた。ウの**大政翼賛会《たいせいよくさんかい》**は，**太平洋戦争**が始まる前年の1940年に結成された。エの**日本農民組合**は，**大正デモクラシー**の時期の1922年に結成された。
(4) 1972年に，日本と中国〔中華人民共和国〕の国交正常化を宣言したのは，**日中共同声明**である。

6日目 現代社会の特色／日本国憲法と政治のしくみ

➡ 問題68ページ

基礎問題 解答

1 (1) 国際分業 (2) 情報リテラシー〔メディアリテラシー〕
2 (3) 象徴 (4) 財産権 (5) 自己決定権
3 (6) 最高 (7) 弾劾《だんがい》裁判 (8) 閣議《かくぎ》
(9) 控訴《こうそ》 (10) 50分の1 (11) 地方交付税交付金

基礎力確認テスト 解答・解説

1 イ
2 (1) 25 (2) 団結権 (3) エ
(4) 刑事 (5) (例)(衆議院は)参議院よりも議員の任期が短く，解散もあるため，選挙による国民の意思をより強く反映すると考えられるから。 (6) 民主主義

1 Xは，「多くの人びとが議論に参加する」政治のしくみなので**直接民主制**である。代表民主制(**間接民主制**)は，人びとが選んだ代表者が議論に参加する政治のしくみ。また，**公正**は，一人ひとりを尊重し，不当にあつかわないという考え方。**効率**はお金や物，土地，労力，時間などを無駄なく使うという考え方。直接民主制は公正ではあるが，時間がかかるので効率の面で課題があるといえる。
2 (1) 衆議院議員，市(区)町村長，地方議会議員の**被《ひ》選挙権**は，**満25歳以上**の人がもつ。
(2) **労働基本権(労働三権)**のうち，労働者が**労働組合**を結成する権利は，**団結権**である。
(3) **国民審査《しんさ》権**は，最高裁判所の裁判官が適任かどうかを国民が審査する制度で，**参政権**の一つである。**ア**は自分の生き方を自分で決める権利で，新しい人権である。**イ**は**自由権**のうちの**精神の自由**。**ウ**は**社会権**の一つ。
(4) **検察官**が，犯罪の疑いのある**被疑者**を裁判所に起訴《きそ》して始まる裁判は，**刑事裁判**。
(5) 衆議院のほうが参議院より国民の意思をより反映すると考えられるので，**衆議院の優越**が認められている。
(6) **地方自治**は，身近な生活の場で行われる民主主義なので，「**民主主義の学校**」とよばれる。

7日目 経済と財政／国際社会

問題70ページ

基礎問題 解答

1 (1) 製造物責任法〔ＰＬ法〕
(2) ワーク・ライフ・バランス　(3) 下がる　(4) 公正取引《とりひき》委員会　(5) 中央銀行　(6) インフレーション〔インフレ〕

2 (7) 累進《るいしん》課税(制度)　(8) 公的扶助《ふじょ》

3 (9) 世界保健機関〔ＷＨＯ〕
(10) 南南問題

基礎力確認テスト 解答・解説

1 (1) 家計　(2) 株主《かぶぬし》総会
(3) Ａ：エ　Ｄ：イ　(4) ウ
(5) (例)常任理事国のロシアが反対したため，この決議案は採択《さいたく》されなかった。
(6) 環境《かんきょう》基本法

1 (1) 経済活動は，**消費**をになう**家計**のほか，**生産**をになう**企業**《きぎょう》，**財政**をになう**政府**によって行われている。
(2) **株式《かぶしき》会社**の最高意思決定機関である**株主総会**では，経営方針や経営者を決めたりする。株主は株主総会に出席することができ，持ち株数に応じた議決権をもつ。
(3) 好景気のときは，経済活動を抑制《よくせい》し，景気の行き過ぎを防ぐため，**日本銀行**は銀行に国債などを売り，政府は増税を行う。いっぽう，不景気のときは，経済活動を活発にするため，日本銀行は銀行から国債などを買い，政府は減税を行う。
(4) 税金を納めなければならない人と実際に税金を負担する人が一致するのは**直接税**。**消費税**は，税金を納めなければならない人と実際に税金を負担する人が異なる**間接税**である。
(5) **国際連合安全保障理事会**の５**常任理事国**(**アメリカ，イギリス，フランス，中国，ロシア**)には**拒否《きょひ》権**があり，重要な決議案についてはそのうちの１国でも反対すると理事会は決定できない。ロシアが反対しているので，この決議案は採択されなかったことになる。
(6) **環境《かんきょう》基本法**は，日本の環境行政の基礎となる法律で，**地球環境問題**の高まりや新たな都市公害の広まりなどを受けて制定された。

受験本番に向けた過ごし方②
時間のつくり方

　机には向かっているのになかなか勉強が進まない，ということはありませんか。そんな人は**時間の使い方を一度振り返ってみましょう**。
　「机に向かってから，ぼーっとしている」「次に何をするか考えるのに30分くらいかかっている」など，減らせそうな時間はありませんか。減らせそうな時間が見つけられたら，１日の初めにやることを決めてしまうなど，**方法を具体的に考えましょう。**
　ただし，一見ムダに思える時間も，からだや心の癒《いや》しの時間になっていることもあります。**心身を整えながら，本番に向けて準備をしていきましょう。**

勉強した時間は本番の自信になる！ムダにしている時間を減らして，合格を勝ち取ろう！

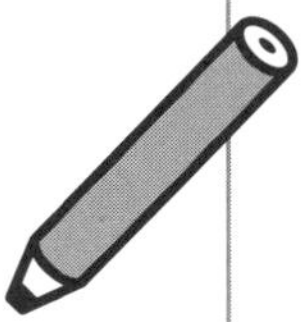

第1回　社会の総復習テスト

➔72ページ

解答

1 (1) 緯線：赤道　記号：エ　(2) 記号：D　風：季節風　(3) ⅰ：イ　ⅱ：ケ
(4) 資料3：C　資料4：P　(5) 略称：ＡＳＥＡＮ　記号：Ａ

2 (1) ⅰ：ア　ⅱ：ケ　(2) ウ

解説

1 **(1)**　0度の緯線である**赤道**《せきどう》は，ブラジルのアマゾン川の河口付近を通過している。**ア〜ウ**は，いずれも赤道より北の北半球に国土が位置している。

(2) **朱印船**《しゅいんせん》**貿易**は，安土桃山《あづちももやま》時代から江戸《えど》時代初期に海外渡航を許可する朱印状を受けた大名《だいみょう》や大商人が行った。よって，朱印船貿易が開始された時期は，鉄砲《てっぽう》の伝来(1543年)から島原《しまばら》・天草一揆《あまくさいっき》(1637〜38年)の間の**D**となる。また，夏と冬で風向きが反対に変わる風は，**季節風〔モンスーン〕**である。季節風は，日本では夏は南東の風，冬は北西の風になる。

(3)　日本最初の仏教文化である**飛鳥**《あすか》**文化**は，**聖徳太子**《しょうとくたいし》が建てた**法隆寺**《ほうりゅうじ》に代表される。**ア**の延暦寺《えんりゃくじ》は，平安《へいあん》時代初期に天台宗を広めた最《さい》澄《ちょう》が建てた寺院。**ウ**の**中尊寺金色堂**《ちゅうそんじこんじきどう》と**エ**の平《びょう》等院鳳凰堂《どういんほうおうどう》は，いずれも平安時代に建てられた**阿弥陀堂**《あみだどう》で，中尊寺金色堂は**奥州藤原**《おうしゅうふじわら》**氏**が平泉《ひらいずみ》(岩手県)に，平等院鳳凰堂は藤原頼通《ふじわらのよりみち》が宇治《うじ》(京都府)に建てた。

(4) **資料3**　人口密度＝人口÷面積なので，面積＝人口÷人口密度となる。このことから，**A**の面積は約239千km^2，**B**の面積は約7727千km^2，**C**の面積は約331千km^2，**D**の面積は約2203千km^2となる。4か国のうち，マレーシアは3番目に面積が大きいので，**C**となる。
資料4　**Q**は原油の割合が高いので，世界有数の油田地帯であるペルシャ湾沿岸の国のサウジアラビアとなる。**R**はカカオ豆が3位になっているので，カカオ豆の生産がさかんなギニア湾沿岸の国のガーナとなる。**S**は鉄鉱石と石炭の割合が高いので，オーストラリアとなる。よって，マレーシアは残った**P**となる。

(5) **ＡＳＥＡＮ**《アセアン》**〔東南アジア諸国連合〕**は，東南アジアの10か国が加盟し，政治・経済での協力や相互援助を目的としている。ＡＳＥＡＮの加盟国には発展途上国が多いので，**資料5**中の**A〜C**のうち，貿易額と国内総生産が最も少ない**A**が**ＡＳＥＡＮ**である。最も国内総生産が多い**C**はアメリカ，**B**はヨーロッパ連合〔ＥＵ〕である。

2 **(1)**　ⅰ　東北地方では，夏の低温と日照不足が原因の**冷害**が起こりやすく，これまで冷害に強く，味の良い米の**品種改良**が進められてきたので，**ア**が正しい。**イ**の**やませ**は，夏に東北地方の太平洋岸に吹く北東の風で，冷害の原因となるので，まちがい。**ウ**の**輪作**《りんさく》は，土地の養分がかたよるのを防ぐため，異なる作物を順番につくることなので，まちがい。**エ**の**黒潮**《くろしお》**〔日本海流〕**は日本の太平洋岸を北上する暖流なので，まちがい。千島《ちしま》列島から南下するのは，寒流の**親潮**《おやしお》**〔千島海流〕**である。
ⅱ　1930年代のできごとは，**ケ**の二・二六事件(1936年)である。**カ**の西南戦争は1877年のできごと。**キ**の本土空襲《くうしゅう》と学童の**集団疎開**《そかい》は，**太平洋戦争**(1941〜45年)の期間中のできごと。**ク**の**警察予備隊**の発足は1950年のできごと。

(2)　**Z**の国会は，衆議院総選挙の日から30日以内に開会しているので，**特別国会〔特別会〕**である。特別国会では，**内閣総理大臣の指名**が行われる。**X**は，1月に開会しているので，次年度の予算の審議・議決などを行う**通常国会〔常会〕**である。**Y**は，内閣が必要と認めたときか，いずれかの議院の総議員の4分の1以上が要求した場合に召集《しょうしゅう》される**臨時国会〔臨時会〕**である。**エ**の参議院の緊急集会は，衆議院の解散中に，必要があれば開かれる会で，2017年には開かれていない。

第2回 社会の総復習テスト

➔74ページ

解答

1 (1) 北海道 (2) 偏西風《へんせいふう》 (3) エ
2 (1) 風土記《ふどき》 (2) ア (3) ウ (4) ウ→エ→ア→イ
(5) (例)ソ連〔ソビエト連邦〕から独立した国が国際連合〔国連〕に加盟したから。
3 (1) 国民主権 (2) エ (3) (例)小売業者の仕入れにかかる費用が安くなり，消費者により安く商品を販売できる。〔小売業者の仕入れにかかる時間が短くなり，消費者により早く販売できる。〕

解説

1 (1) じゃがいもや小麦は，**十勝《とかち》平野**などで畑作がさかんな北海道の生産量が最も多い。
(2) ユーラシア大陸の西岸に１年じゅう西からふく風は，**偏西風**である。たとえば，北海道の稚内《わっかない》の冬の気温が氷点下になるのに対し，稚内よりも高緯度にあるイギリスの首都ロンドンの冬の気温が５℃以上というように，西ヨーロッパは，偏西風と**北大西洋海流**の影響で高緯度のわりに冬でも比較的温暖な気候となっている。
(3) 資料はウルル(エアーズロック)で，オーストラリアの**世界遺産**となっている。オーストラリアの先住民は**アボリジニ**である。イヌイットは，カナダの先住民である。

2 (1) 奈良時代にまとめられた，国ごとに自然や産物，伝説などを記録した地理書は「**風土記**」である。奈良時代には，歴史書の「**古事《こじ》記《き》**」と「**日本書紀**」，和歌集の「**万葉集《まんようしゅう》**」などもまとめられた。
(2) **最澄《さいちょう》**が比叡山《ひえいざん》に**延暦寺《えんりゃくじ》**を建てて**天台宗《てんだいしゅう》**を広めたのに対し，同じ頃に唐《とう》で仏教を学んだ**空海《くうかい》**は，高野山《こうやさん》に**金剛峯寺《こんごうぶじ》**を建てて**真言宗《しんごんしゅう》**を広めた。
(3) **日米和親条約**(1854年)で開港が決まったのは，**函館《はこだて》**と**下田《しもだ》**(静岡県)である。日米修好通商条約(1858年)では，函館と**ア**の新潟，**イ**の神奈川〔横浜〕，**エ**の兵庫〔神戸〕，長崎の５港を開港し，下田を閉鎖《へいさ》することが決められた。
(4) **ウ**の**民撰《みんせん》議院設立建白書**が提出されたのは明治時代の1874年，**エ**の第１回**帝国《ていこく》議会**が開かれたのは明治時代の1890年，**ア**の満25歳以上の男子に選挙権を与える普通《ふつう》選挙法が成立したのは大正時代の1925年，**イ**の女性国会議員が誕生したのは，満20歳以上の男女に選挙権が認められてから最初に行われた，1946年の衆議院議員総選挙においてである。
(5) **資料１**から，**資料２**にで示した地域で，1991年に３か国，1992年に９か国が国際連合に加盟している。これは，1989年に存在していたソ連〔ソビエト連邦〕が，1991年に解体し，多くの独立国に分かれ，それぞれが**国際連合**に加盟したからである。

3 (1) 政治のあり方を最終的に決める権限を主権といい，国民が**主権**をもつという**日本国憲法**の基本原理を，**国民主権**という。
(2) 非営利組織の意味の，ＮＰＯがあてはまる。**ア**のＷＨＯは国際連合の専門機関の**世界保健機関**，**イ**のＰＫＯは国際連合が行う**平和維持《いじ》活動**，**ウ**のＩＬＯは国際連合の専門機関の**国際労働機関**のこと。
(3) **資料２**のⓐの流通経路では，商品は卸売《おろしうり》業者を経由するので，卸売業者の利益が加算されることで商品の価格が高くなるうえに，商品が消費者のもとに届くまで時間がかかってしまう。これに対して，ⓑの流通経路は，卸売業者を介さない分，商品の価格はより安くなり，商品が届く時間も早くなると考えられる。

第2回　国語の総復習テスト

問題78ページ

解答

1 (1) 11［十一］(画)　(2) クレーターが　(3) ア　(4) 泥だんご（4字）
(5) 例 望遠鏡の魅力を駿馬に伝えられて、うれしいと思う気持ち。

2 (1) 博雅三位［三位・三品］　(2) ア　(3) いうよう
(4) 例 三位のひちりきの音色が趣深く高貴で、悪い心が改まったから。（29字）
(5) ウ

3 例
仕事をするうえで最も大切なことは、協調性だと考える。仕事は一人でするものではない。多くの人が力を合わせて、一人では成し得ない大きな成果を上げるものである。自分と意見が違うからといって相手を拒否したり、一人一人が好き勝手にやっていたりしては何事も進まず、目標を達成できないと思う。だから、仕事をするうえでは、仕事仲間とのコミュニケーションを大切にし、たがいの意見を尊重する協調性が大切だと思う。（196字）

解説

1 (1) 右側の「乙」の部分は一画で書くことに注意する。
(2) 文の最初に「上部に浮《う》きあがった無数のクレーターが」とある。「一文節で」という指示があるので、「クレーターが」を抜《ぬ》き出すこと。
(3) 「穏《おだ》やかな」の言い切りの形は「穏やかだ」で、形容動詞である。アの「きれいだっ」の言い切りの形は「きれいだ」で、これも形容動詞。イの「暖かかっ」の言い切りの形は「暖かい」で形容詞。ウの「ような」の言い切りの形は「ようだ」で例示の助動詞。エの「面白《おもしろ》く」の言い切りの形は「面白い」で形容詞。
(4) ——部①の「それ」が指し示す内容を前の部分から捉《とら》える。前の部分では、天体望遠鏡で見た月から、幼稚園児《ようちえんじ》だったころによくつくった「泥《どろ》だんご」を思い出している。泥だんごを一晩外に置いておくと見えてくる表面のデコボコが月の表面に似ているというのである。
(5) ——部②の直後ですばるが「けっこういいだろ。望遠鏡って」と言っていることに着目。望遠鏡の良さを駿馬《しゅま》に伝えることができて、気持ちが高ぶっているのが声に表れているのである。

2 (1) 「みる」の前にある「はい出《い》でて」に着目。「はい出でて」きた人が家の中をみたのである。はい出てきたのは、板敷《いたじき》の下に逃《に》げ隠《かく》れた「博雅三位《はくがさんみ》」である。
(2) ——部①の「さりぬる」の「さり」は「去り」。博雅三位のひちりきの音色を盗人《ぬすびと》が遠くで聞いたということから、既《すで》に三位の家を出て行っていたということがわかる。
(3) 語頭と助詞以外の「は・ひ・ふ・へ・ほ」は「わ・い・う・え・お」に直す。「ア段の音＋う」は「オ段の音＋う」に直す。
(4) ——部②の前の盗人のことばに着目する。盗人は、ひちりきの音色を聞いて、悪い心が改まったと言っているので、この部分を指定字数に合わせてまとめる。
(5) 三位のひちりきの音色を聞いて悪い心が改まったということは、盗人は風流を理解していたということである。これに合うのはウ。

現代語訳 博雅三位の家に、盗人が入った。三位は、板敷の下に逃げ隠れた。盗人が帰り、その後、(三位は板敷の下から) はい出て家の中を見たところ、残された物はなく、みな盗み出してしまっていた。ひちりき一つだけを棚《たな》に残していたのを、三位が取ってお吹きになっていたのを、(三位の家を) 出て行った盗人が、遠くでその音色を聞き、感情がおさえられなくなって、(三位の家に) 帰って来て語ることには、「たった今の御ひちりきの音色をお聴《き》きすると、趣《おもむき》深く高貴な音色でありまして、悪い心がすっかり改まりました。盗んだ品々を全てお返しいたしましょう」と言って、全て置いて出て行った。昔の盗人は、またこのように、風流を理解する心もあったのだ。

3 「協調性・責任感・積極性」のうちの一つを選び、「選んだ理由がわかるように」書くことに注意する。「考えが的確に伝わるように」ともあるので、自分の考えをはっきりと明確に書くこと。

第1回　国語の総復習テスト

問題81ページ

解答

1 (1) a慣（れない）　b製造　cちめい　(2) イ　(3) エ　(4) ウ
(5) 例 安全を連続的に実現するという積み重ねにより生まれる信頼があってはじめて成り立つ（39字）

2 (1) エ　(2) ウ

3 ア

解説

1 (1) **a**の「慣」は、左側の「忄（りっしんべん）」の筆順に注意すること。**b**の「製造」の「製」を「制」としないようにすること。**c**「致命《ちめい》的」とは、命が断《た》たれる原因となるような、取り返しのつかない様子を表す。

(2)「必要」は「必ず要《い》る」と言い換《か》えられるので、上の字が下の字を修飾《しゅうしょく》する構成。**ア**は「読む←書を」で、下の字が上の字の目的語となる構成。**ウ**は、「絵」も「画」も同じような意味の漢字。**エ**は、「勝ち↕負け」という反対の意味の漢字の構成。**イ**「独立」は「独りで立つ」と言い換えることができるので、上の字が下の字を修飾している、「必要」と同じ構成。

(3) Ⅰは直前の「進めと勘違《かんちが》いされる」に着目。交差点ですべての方向の自動車が進むのは危険なので、危険側。Ⅱは直前に「停《と》まれになるから」とあるので、安全側。Ⅲは「機械の不具合がすぐにわかる」とあり、機械の不具合だとわかれば無理に車を進めることはないので、安全側。

(4) ――部②のあとに、「致命的な結果を招かないように、補助をする装置を用意しておく」「さらに別の装置を用意する」という、「二重三重に『バックアップ』を用意して備える、という考え方である」とある。これにあてはまるのは、停電になっても病院内の電子機器に影響《えいきょう》が出ないように、蓄電池《ちくでんち》と自家発電という電源となる装置を用意しておくという例となっている**ウ**。

(5) ――部③より前の部分に「安全を維持《いじ》していくことで『信頼《しんらい》性』というものが生まれてくる」「信頼できるから、安心できるのだ」とあり、さらに直前で「安全を連続的に実現するという積み重ねによってしか、信頼は生まれない」と言い換えている。これが、「安心」が「得難《えがた》い」理由である。安全を連続的に実現することで信頼が生まれること、信頼があるからこそ安心が成り立つことを読みとってまとめる。

2 (1) Aの短歌は、森の奥《おく》の夕暮れの光景を詠《よ》んだもの。Bの短歌は、作者が帰ってきた我《わ》が子を抱《だ》きとめたときの心情を詠んでいる。Cの短歌は、「虫かご」からいっせいに虫たちが逃《に》げていく生命力あふれるさまを描《えが》いている。Dの短歌は、谷間に雨が降り、そこに自分の声が静かに立ち昇《のぼ》っていく様子を詠んでいる。したがって、「人間」を詠み込《こ》んでいるのは、BとDである。

(2)「桐《きり》の木の……」の短歌について、字余りになっているかどうか、人間が詠み込まれているかどうかを確認《かくにん》して、正しいものを選ぶ。結句の「みちのくのしぐれ」が八音になっているので、字余りの歌である。また、人間が詠み込まれておらず、見たままの自然の姿を歌っているので、**ウ**が正解。また、「しぐれ」とは、冬の初めに降ったりやんだりする雨のことなので、「梅雨《つゆ》」と説明しているものは誤りであることも押《お》さえておく。

3 ③は、自分たちの動作に「お思いになる」と尊敬語を使っているので誤り。④は、「聞く」という相手の動作に「お聞きする」という謙譲《けんじょう》語を使っているので誤り。よって、正しいのは①と②で、正解は**ア**。

7日目 作文

基礎問題 解答

問題83ページ

1 例

グラフから、毎日の生活に必要な情報の取得手段としてテレビはすべての世代に利用されているが、それ以外は、若い人は携帯電話から、年齢が高くなるにつれて新聞から情報を得ていることがわかる。

携帯電話やパソコンなどから得る情報は、信頼性に乏しく、誤った情報が発信されることがよくある。確かな情報を得るには、新聞などの、情報源が信用できるものが有効なので、若い人も新聞を利用する習慣をつけるべきだと思う。（196字）

基礎力確認テスト 解答・解説

問題82ページ

1 例

Aのことばは成長するためには基礎を固めて少しずつ着実に力をつけることが大切で、実力以上のものを求めてはいけないと言っている。一方、Bのことばは実力以上のものを求めるうちに実力の方が追いついてくると言っている。

この二つは逆のことだが、私はどちらも自分が成長するためには大切だと思う。私は中学からダンス部に入った。ダンスは未経験だったので、学校でも家でも基本的な練習をたくさん積み重ねた。上手な先輩の動きを観察し、まねてみたりもした。その結果、部長になれたという経験があるからだ。（238字）

1 Aは成長するためには土台や基礎《きそ》が大切であると述べ、Bは背伸《せの》びをすることが「成長」につながると述べている。成長することについての自分の体験や見聞きしたことを思い浮《う》かべ、A・Bに関連させて書くこと。

本番に向けた準備 確認《かくにん》リスト

○会場と時間

当日の集合時間、交通手段、各科目の試験時間などを確認します。起床《きしょう》から出発までの時間配分も考えておきましょう。

○持ち物

受験票、筆記用具（指定されているものがないか）、予備の筆記用具、腕時計《うでどけい》、弁当（必要な場合）、水筒《すいとう》、ハンカチ・ポケットティッシュなど、何が必要か、指定はないかを確認します。

○服装

朝慌《あわ》てないように、服装も決めておきます。「脱《ぬ》ぎ着しやすい」「動きやすく」「着慣れた」服装がよいでしょう。

前日はしっかり睡眠《すいみん》をとって、体調を万全《ばんぜん》にして本番に臨《のぞ》むことも大切です。みなさんの健闘《けんとう》を祈《いの》っています。

勉強の内容だけでなく、体調管理や本番に向けた準備が大切！一つでも不安を減らして当日を迎《むか》えよう。

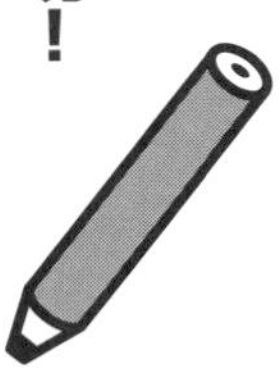

5日目 読解3（古文・漢文）

基礎問題 解答

問題87ページ

1 (1) かえりみる　(2) ウ

2 (1) エ　(2) ア

現代語訳（古文） 世間の人の、自分の欠点を忘れて他人の欠点をだけ見て、他人を鏡として我《わ》が身を映すことがないことは、愚《おろ》かなことである。他人を非難したならば、我が身の欠点を省《かえり》みる、これが他人を鏡とする心構えである。他人の愚かで思慮分《しりょふん》別《べつ》に欠ける姿を見たら、自分のことをもまた他人が同じように見るだろうと思いなさい。この人は、とりもなおさず自分の（姿を映す）鏡なのである。

現代語訳（漢文） 自分がしてほしくないことは、他人にしてはならない。

基礎力確認テスト 解答・解説

問題86ページ

1 ウ

2 1 例 追討使の派遣を決める立場（12字）　2 嫌疑

3 イ

1 大納言俊明卿《だいなごんとしあききょう》が丈六《じょうろく》の仏を作るということを「聞いた」のは、大仏の金《きん》箔《ぱく》のために「金を奉《たてまつ》」った「奥州《あうしう》の清衡《きよひら》」である。よって、正解は**ウ**。

2 俊明が金を受け取らずに返した理由は、古文Aの「人、そのゆゑを問ひければ」のあとで俊明が説明している。1は、俊明の立場を捉《とら》える。2は、空欄《くうらん》のあとに「をかけられたくない」と続くので、漢文Bの「嫌疑《けんぎ》」が入る。

3 古文Aには、俊明が清衡から献上《けんじょう》された金を返金した出来事が書かれている。漢文Bは、「君子（＝すぐれた人）」はどのようにするかという考えが述べられたあとで、「瓜田《くわでん》」と「李下《りか》」を並べて挙げているので、正解は**イ**。

現代語訳 A　大納言源《みなもとの》俊明が、約四・八五mの仏をお作りになることを聞いて、奥州の藤原《ふじわらの》清衡が、金箔のために金を献上したが、（源俊明はその金を）取らずに、（藤原清衡のところに）人をやって返してしまった。人が、そのわけを尋《たず》ねたところ、（俊明は）「清衡は王土をあちこち不当に占領《せんりょう》して、今すぐにも謀反《むほん》をおこしそうな者である。（私は）その時は朝廷《ちょうてい》の敵を追討する使者の派遣《はけん》をするようなことを、決定し申し上げる立場にある人間である。そのために、これ〔金〕を受け取らないのだ」とおっしゃった。

B　すぐれた人は未然に防いで、疑いの範囲《はんい》にはいない（＝すぐれた人は疑いをかけられることは未然に防ぐし、嫌疑のかかる場所にはいない）。瓜《うり》のはたけでくつをはき直さず、すももの木の下で冠《かんむり》（の位置）を直さない。

6日目 読解4（詩・短歌・俳句）

基礎問題 解答

問題85ページ

1 (1) エ　(2) ア

2 (1) 四句切れ　(2) 三（句目）　(3) けり　(4) 自由律　(5) B

基礎力確認テスト 解答・解説

問題84ページ

1 (1) みづからの光のごとき明るさ
(2) a わが子の頭　b らっきょう

2 エ

1 (1)「薔薇《ばら》そのもの」が発する「内なる光」は、短歌の「みづからの光」と対応している。また、「ような」は短歌の「ごとき」と対応している。

(2)「らっきょうのような頭」とあるので、「何が」は「頭」、「何に」は「らっきょう」である。aの「頭」は、誰《だれ》の頭なのかを詳《くわ》しく書くこと。

2「スケートの……」の俳句の季語は「スケート」で、季節は冬。**ア**は「雲雀《ひばり》」で春、**イ**は「名月」で秋、**ウ**は「遠花火」で夏、**エ**は「みぞれ」で冬。

3日目 読解1（論説文）

基礎問題 解答

問題91ページ

1 (1) イ (2) 3（段落） (3) エ (4) 奇跡

基礎力確認テスト 解答・解説

問題90ページ

1 ウ

2 例 答えが出ていない問題に、大昔から食らいついて問い続けてきたから。

3 一つの問いに一つの答えがある（14字）

4 イ

1 傍線部《ぼうせんぶ》①の直前の「こういう考え方もある、と別の補助線を示せる」というのは、いろいろな見方を示すことができる、つまり、多面的な見方ができるということ。よって、正解は**ウ**。

2 傍線部②の直前に「その結果として」とあるので、それより前の内容に着目。「答えは出ていない」ような問題を大昔から問い続けてきたということを捉《とら》える。

3 ある問いに対して「複数の解を持っていたり、正解が一つもなかったり、そもそも答えがない」と対比されるのは、一つだけ答えがある、ということ。この内容が書かれている第一段落に注目して捉える。

4 □の前は、重要な問題のほとんどは複数の解を持っていたり、正解がなかったりする、という内容。あとの部分では、自分の狭《せま》い枠組《わくぐ》みの中で無理やり解釈《かいしゃく》してわかった気になっても何も解決しない、と述べている。前後は順接の関係になっているので、**イ**の「だから」が正解。

4日目 読解2（小説）

基礎問題 解答

問題89ページ

1 (1) ひび (2) イ (3) エ

基礎力確認テスト 解答・解説

問題88ページ

1 ウ

2 例 陸上勤務を少しは喜んでもらえると思っていたのに、妻と娘に反発され気まずくなったから。（42字）

3 イ

1 父が家族に陸上勤務への異動を告げている場面であり、母から「それで、勤務先は……。」とたずねられたときの父の反応である。父はそのあとに「名古屋営業所なんだ。これから一か月で引っ越さなくちゃならない。」と答えていることに着目。父の異動によって一家は引っ越さなくてはならなくなるので、父は勤務先を答えるのを少しためらったのである。

2 「ばつが悪い」とは、自分にとって不都合な状況《じょうきょう》となり、気まずいという意味。異動と引っ越しを告げたときの母と妹の反応はいいものではなかったことを踏《ふ》まえて、傍線部②のあとの父のことばから、父の態度の理由を捉《とら》える。

3 父が母に子育てに協力できないことを批判され続けてきたことに対して、息子《むすこ》の航輝《こうき》が「□性格の父ではあるけれど」「まったく耳に入らず、心に刺《さ》さりもしなかったとは思わない」と述べているので、外面的には気にしているようには見えないような性格であることがわかる。物事をあまり気にしない性格を表すことばは、**イ**の「おおらかな」である。

1日目 漢字・語彙《ごい》

基礎問題 解答

問題95ページ

1 (1)①たんれん ②しぼ (2)①車窓 ②試みる
(3)①関心 ②感心 ③供 ④備 (4)①ア ②ウ ③エ ④イ
(5)17（画）

2 (1)①現 ②工 ③革 ④主 (2)①地 ②先 (3)足

基礎力確認テスト 解答・解説

問題94ページ

1 1演奏 2郵便 3照れる 4栄える
2 1ゆだ 2講演
3 ア
4 ア・ウ・エ（順不同）
5 ア
6 善
7 役不足

1 2の「郵」の左の部分の横画の数に注意する。3を「照る」としないように。
2 2の「コウエン」は同音異義語が多いことば。「公演」「後援《こうえん》」などがある。意味をおさえて書き分けられるようにしておくこと。
3 「獲」も「得」も、「手に入れる」という意味の漢字。
4 行書は、点画が省略されて、画数が変わっていたりするので注意する。
5 「□□」部には受け入れられなかったことを表す「拒否」、「□□」部には受け入れられたことを表す「承諾」が入る。
6 「善は急げ」は、「良いと思ったことは直ちに実行すべきだ」という意味。
7 「役不足」は「力不足」と混同しやすいので注意する。

2日目 文法・敬語

基礎問題 解答

問題93ページ

1 (1)文節・九／単語・十五 (2)主語・姉が／述語・飾った
(3)①花を ②会った (4)①形容動詞 ②名詞 ③連体詞 ④副詞
(5)活用の種類・五段活用／活用形・連体形
(6)①イ ②エ ③ア ④ウ (7)①イ ②ア ③ウ

2 (1)①ア ②イ ③ウ

基礎力確認テスト 解答・解説

問題92ページ

1 七［7］
2 1主語・妹は／述語・行った 2イ
3 連用形
4 イ
5 ウ
6 ア

1 「予定よりも／ずっと／早い／列車で／帰る／ことに／なる。」と分けられる。
2 2の「とても」は副詞。**イ**の「大きな」は連体詞。
3 「来た」の「来」は、過去の助動詞「た」に続いているので、連用形。
4 「できない」の「ない」は、「ぬ」に言い換《か》えられるので、打ち消しの助動詞「ない」。**ア**と**ウ**は形容詞の「ない」。**エ**は形容詞「頼《たよ》りない」の一部。
5 「行こうと」の「と」は、引用の格助詞。**ア**は相手、**エ**は列挙の格助詞。**イ**は、ある条件のときはいつも同じことになるという関係をつなぐ接続助詞。
6 **イ**は「見せる」という先生の動作に謙譲《けんじょう》語が、**ウ**は「見る」という自分の動作に尊敬語が使われている。**エ**は謙譲語「拝見」に尊敬語「なさる」がついている。

受験直前の心構え

入試では勉強だけでなく，試験前や当日の過ごし方も大切です。志望校や入試の日付などを書き込み，計画を立てましょう。

本番1週間前

本番で実力を発揮するためには，体調管理を万全にして，風邪などを引かないようにすること，入試本番に合わせた生活リズムをつくっておくことが大切です。本番１週間前からは，次のことに気を付けて生活するようにしましょう。

- **早寝早起きを習慣づけ，しっかりと睡眠をとる**
- **３食バランスの良い食事を取る**
- **出かける際はマスク，手洗いうがいを忘れずにする**

また，当日の集合時刻，科目ごとの試験時間，交通手段なども事前に確認します。時間があれば，当日と同じ時間に，会場まで行ってみるのもよいでしょう。持ち物も１週間前にそろえておくと安心です。

本番前日

本番前日は，不安で落ち着かない気持ちになってしまうこともあります。勉強は最低限にとどめて，持ち物や服装，くつの準備をしておくのもよいでしょう。

眠れなくとも早めにふとんに入って，しっかり休息をとるようにしましょう。

- □ **持ち物は用意したか**
  受験票，筆記用具（指定されているものはないか），予備の筆記用具，腕時計，弁当（必要な場合），水筒，ハンカチ･ポケットティッシュなど（受験校によって持っていかなければならないもの，持って行ってはいけないものの指定がされている場合があります。確認しましょう）
- □ **会場までの行き方，交通手段は確認したか**
- □ **本番当日の天気はどうか**
- □ **服装は準備したか。調整しやすい服装か**

本番当日

事前に考えておいたスケジュール通りに準備して会場へ向かいましょう。ただし，交通機関などが遅れることもありますから，その場合は落ち着いて学校に連絡するなどします。

会場ではトイレは早めにすませるようにし，落ち着いて，指示をよく聞いて行動しましょう。緊張していると思ったら深呼吸したり，可能なら飲み物を少し飲んだりするとよいでしょう。

入試本番！

志望する学校や入試の日付などを書こう。

みなさんが本番で実力を発揮できるよう応援しています !!